Anja Siehoff
Johannes Otto
Frank Mach
Marc Fachinger

Lindenholzhausen 1933 – 1945
Eine Spurensuche

Titelbild: Lindenholzhausen um 1934
(Quelle: https://lindenholzhausen.de/bilder-von-lhsn/1396-historische-bilder-von-lindenholzhausen#ak1934)

Bibliografische Information der Deutschen Nationalbibliothek
Die Deutsche Nationalbibliothek verzeichnet diese Publikation in der
Deutschen Nationalbibliografie; detaillierte bibliografische Daten sind
im Internet über http://dnb.d-nb.de abrufbar.

Herstellung und Verlag
BoD - Books on Demand, Norderstedt
ISBN: 978-3-75781-888-3

„Wir alle sind nur Glieder der zerbrechlichen und doch erstaunlich haltbaren Kette von Generationen, Schicksalen und Kämpfen, in der sich
die historischen Ereignisse unablässig entfalten. Wer wir sind und woran wir uns erinnern, wie wir unsere Kinder erziehen, was wir sagen
und woran wir glauben, was wir lieben und was wir verachten – all das
verdankt sich dem Zusammenspiel willkürlicher Zufälle mit menschlichen Handlungen – unserem eigenen Handeln und dem unserer Vorfahren, aus guten oder schlechten Gründen, bewusst oder gedankenlos.
(…) Geschichte ist in gewissem Sinn immer auch Familiengeschichte.
Wir alle tragen tief in uns ein Bruchstück der Erinnerung (…) – die
Erinnerung an den Ort unserer Herkunft, die von einer Generation an
die nächste weitergegeben wird wie das abklingende Echo einer verlorenen, doch nie ganz vergessenen Kindheit."

Omer Bartov (2021) Anatomie eines Genozids. Vom Leben und Sterben einer Stadt namens Buczacz, Berlin: Jüdischer Verlag im Suhrkamp Verlag, S. 20f.

Anja Siehoff
Johannes Otto
Frank Mach
Marc Fachinger

Lindenholzhausen 1933 – 1945

Eine Spurensuche

Im Gedenken an alle Lindenholzhäuser*innen, die in den Jahren 1933-1945 Opfer der nationalsozialistischen Ideologie wurden.
Mögen wir aus dem Erinnern an sie heute lernen, mit Wertschätzung und Wohlwollen zu leben.

Inhaltsverzeichnis

Geschichte als Wissenschaft beschäftigt sich mit der Vergangenheit. Eine Grundüberzeugung dahinter ist, aus der Geschichte, aus der Vergangenheit lernen zu können – für die Zukunft. Geschichte sagt etwas darüber aus, wie wir wurden, die wir sind. Keiner kann sich aus seiner eigenen Geschichte davonstehlen. Wir sind als einzelne immer eingebunden in größere geschichtliche Zusammenhänge und werden davon beeinflusst. Sei es die Geschichte unserer Welt, die Geschichte unseres Landes, unseres Heimatortes oder auch unserer Familie, mit ihren Verwurzelungen und Verstrickungen.

Auf diesem Hintergrund, dass unsere Identität und die Identität eines Dorfes immer von der Geschichte beeinflusst sind, haben wir uns mit den Jahren 1933-1945 in Lindenholzhausen beschäftigt. Es gäbe nun vieles dazu zu sagen, warum wir ausgerechnet diesen Zeitabschnitt gewählt haben. Einige Gründe wollen wir benennen:

Zum einen sagte uns Josef J.G. Jung, dass beim Verfassen der letzten beiden Chroniken von Lindenholzhausen aus den Jahren 1972 und 1993 dieser geschichtliche Abschnitt zu kurz gekommen sei.

Des Weiteren beschäftigt sich jeder von uns vieren schon länger persönlich mit dieser Zeit, und der Frage, wie Menschen damals gehandelt haben und behandelt wurden und welche Überzeugungen dahinterstanden.

Letztendlich ging es uns dabei auch um die Frage, was der Mensch ist, was ihn ausmacht in seinem Denken und Handeln, was ihn gut und böse sein lässt.

In einer neuen Jugendstudie[1] für Deutschland wird die Frage gestellt „Wie wichtig findest Du es ganz allgemein, dass wir als Gesellschaft

---

[1] Es handelt sich hierbei um die sogenannte MEMO-Studie (**M**ultidimensionaler **Er**innerungs**mo**nitor) von 2023 zur Erinnerungskultur in Deutschland. Vgl. dazu https://www.stiftung-evz.de/was-wir-foerdern/handlungsfelder-cluster/bilden-fuer-lebendiges-erinnern/memo-studie/ (30.5.2023)

uns mit unserer eigenen Vergangenheit auseinandersetzen?" 85 Prozent halten dies für sehr wichtig (51,5%) bis eher wichtig (33,5%). Und als Zeitraum, der selbst als besonders wichtig erachtet wird steht mit weitem Abstand an erster Stelle mit 82,6% Zustimmung der Kontext „Zeit des Nationalsozialismus". Es sind junge Menschen zwischen 16 und 25 Jahren, die so geantwortet haben.

Wir merkten, dass wir eigentlich nicht angemessen über diese Jahre schreiben können – nicht nur wegen der uns zur Verfügung stehenden Zeit. Daher haben wir dieses Buch auch eine „Spurensuche" genannt.

Als wir Ende 2020/ Anfang 2021 begannen zu überlegen, was wichtig dabei sein könnte, wollten wir vor allem auf Menschen schauen und von Menschen etwas hören, die im Zeitraum 1933-1945 in Lindenholzhausen lebten oder dort geboren waren. Wir beleuchten aber auch – nach einer einleitenden allgemeinen Chronologie – im ersten Kapitel mit einigen Schlaglichtern diese 12 Jahre in Lindenholzhausen, die bislang so noch nicht bekannt waren. Und wir schauen anhand von Originaldokumenten auf die „Martinikirmes 1937". Weitere Originaldokumente aus den Jahren 1933-1945 finden sich in der Chronik aus dem Schwesternhaus und unter der Rubrik „Dokumente aus den Jahren 1933-1945".

Uns ging es bei der Beschäftigung mit Lindenholzhausen in der NS-Zeit nie um ein Anklagen, sondern um ein Erinnern – das vielleicht zum Verstehen führt.

Anja Siehoff, Johannes Otto, Frank Mach, Marc Fachinger

Lindenholzhausen, den 1.9.2023 (Weltfriedenstag)

1933 – 1945 IM DEUTSCHEN REICH. EINE CHRONOLOGIE[2]

1933 30.1. Adolf Hitler wird Reichskanzler, die NSDAP übernimmt die Regierungsmacht.

24.3. Das Ermächtigungsgesetz lässt Hitler fast allein Gesetze beschließen. Die SPD stimmt dagegen.

31.3. Gesetz zur Gleichschaltung der Länder mit Reich.

1.4. Boykott gegen jüdische Geschäfte im Reich.

14.7. Gesetz zur Verhütung erbkranken Nachwuchses - das „Zwangssterilisierungsgesetz".

1934 1.8. Nach Hindenburgs Tod ist Hitler „Oberhaupt des Deutschen Reiches".

1935 16.3. Allgemeine Wehrpflicht wieder eingeführt.

15.9. „Nürnberger Gesetze" werden erlassen; Grundlage späterer Verfolgung und Ermordung von Juden.

1936 1.-16.8. Olympische Spiele in Berlin.

1.12. Gesetz: Hitlerjugend wird Staatsjugend.

1938 12.3. Deutsche Truppen marschieren in Österreich ein.

17.8. Jüdinnen müssen Sara als Zweitnamen annehmen Juden Namen Israel, zur besseren Erkennbarkeit.

29./30.9. Münchner Abkommen: Sudetenland (vormals Tschechien) ist nun Teil des Deutschen Reichs.

9./10.11. Reichspogromnacht; Synagogen, jüdische Gotteshäuser, Geschäfte werden in Brand gesetzt.

1939 14.3. Die „Rest-Tschechei" wird zum „Reichsprotektorat Böhmen und Mähren" im Dt. Reich. Die Slowakei bleibt als Staat erhalten, mit enger Anbindung.

25.3. Jungs ab zehn Jahren müssen in die Hitlerjugend.

1.9. Das Deutsche Reich überfällt Polen, der Zweite Weltkrieg beginnt.

---

[2] Diese Chronologie beruht auf einer vom historischen Museum Frankfurt herausgegebenen Broschüre

1939		Euthanasie-Erlass - Hitler beauftragt die T4-Aktion (organisierte Tötung von „lebensunwertem Leben").
	8.11.	Bombenattentat auf Hitler durch Georg Elser.
1940	8./10.4.	Das Deutsche Reich greift Dänemark, Norwegen und Frankreich an.
	14.11.	Das Deutsche Reich greift Großbritannien an.
1941	13.1.	Erster Transport von beeinträchtigten Menschen nach Hadamar.
	22.6.	Das Deutsche Reich greift die Sowjetunion an, systematischer Mord an Bevölkerung, vor allem Jüdinnen und Juden.
	19.9.	Alle Juden ab 6 Jahre müssen „Judenstern" tragen.
1942	20.1.	Die „Wannseekonferenz" beschließt die Deportation aller europäischen Jüdinnen u. Juden in KZs.
	19.11.	Deutsche Truppen werden in Stalingrad eingekesselt und kapitulieren im Februar 1943. Fast 2 Millionen Menschen sterben in dieser Schlacht.
1943	18.2.	Goebbels propagiert den „totalen Krieg", auch Kinder und Jugendliche sollen dafür kämpfen.
	19.4.	Aufstand der jüdischen Bevölkerung im Warschauer Ghetto gegen SS-Truppen, bis 16.5.
1944		Schwere Luftangriffe auf Deutschland nehmen zu.
	6.6.	Landung der Alliierten in der Normandie.
	20.7.	Attentat durch Stauffenberg auf Hitler scheitert.
	1.8.	Warschauer Aufstand gegen die NS-Besatzung beginnt, endet am 2.10. mit der Kapitulation.
	15.9.	US-Truppen überschreiten die deutsche Grenze.
	25.9.	Die Nationalsozialisten rufen alle Männer zwischen 16 und 60 zum „Volkssturm".
1945		Städte wie Dortmund, Frankfurt, Hamburg erleben schwerste Luftangriffe.
	28./29.3.	Befreiung Frankfurts durch US-Truppen.
	8.5.	Das Deutsche Reich kapituliert bedingungslos.

LINDENHOLZHAUSEN IN DEN JAHREN 1933-1945.
EINIGE SCHLAGLICHTER

von Marc Fachinger

In seinem Buch „1932 in der Provinz", womit der Landkreis Limburg-Weilburg gemeint ist, will Ulrich Lange einige Informationen vermitteln zur Frage, wer Hitler gewählt habe.[3]

Vor allem die konfessionellen Zugehörigkeiten im Landkreis Limburg spielten seiner Meinung nach eine entscheidende Rolle.

Lindenholzhausen hat Anfang 1932, bei 1661 Einwohnern, 98,2% katholische und 1,8% evangelische Christen. Erst ein Jahr später sind 0,1% der Einwohner Lindenholzhausens Juden.

Mit der „Machtergreifung" Hitlers am 30.1.**1933** ändert sich in Lindenholzhausen zunächst nicht viel. Die in der Bürgermeisterei wohnende Frau M. will anlässlich der „Machtübernahme" eine Hakenkreuzfahne dort aufhängen. Da sie keine Fahnenstange besitzt, fragt sie die Nachbarin Frau S., welche eine hat. Diese entgegnet ihr, dass an ihrer Fahnenstange keine Hakenkreuzfahne aufgehängt würde.[4] 135 NSDAP-Wähler, von denen es 1932 nur 76 gab, wähnen sich vermutlich weiter im Aufwind. Bereits 1929 waren einige Lindenholzhäuser in die NSDAP oder SA eingetreten.

Bei der letzten freien Reichstagswahl am 5.März 1933 wählen in Lindenholzhausen 63,4% die Zentrumspartei, 20,4% die SPD, 12,1% die

---

[3] Vgl. Ulrich Lange (1982) 1932 in der Provinz. Das Jahr, das Hitlers Macht ermöglichte. Archiv- und Zeitungsberichte aus dem Landkreis Limburg/Lahn. Bad Camberg: Camberger Verlag, S. 8
[4] Vgl. hierzu und auch zu weiteren Stellen die Spruchkammerakte Wicker hhstaw_520--bw_nr_3029. Zu den Spruchkammerakten und -verfahren vgl. das letzte Kapitel dieses Buchs.

NSDAP, 3,6% die KPD, und 0,6% andere Parteien.[5] Hier zeigt sich, welche Kraft die Zentrumspartei als Vertretung des politischen Katholizismus in Lindenholzhausen hat. Zumal Georg Rompel als Bürgermeister in jenem Jahr ein entschiedener Parteiangehöriger des Zentrums ist. Zum Vergleich: im benachbarten Linter mit 3,3% Katholiken und 96,7% Protestanten wählen bei der gleichen Wahl 0,3% die Zentrumspartei, 31,6% die SPD, 65,5% die NSDAP, 1,3% die KPD und 1,3% andere Parteien.

Georg Rompel, Bürgermeister von Lindenholzhausen 1913-1934, 1945

Georg Rompel, der - wie er schreibt – sein ganzes Leben der Zentrumspartei angehörte, „wie auch meine Eltern und früher auch die ganze Gemeinde"[6], bleibt zunächst weiter Bürgermeister. Wie die folgenden Monate von ihm erlebt werden ist nur Spekulation. Aber von seiner Abneigung und Gegnerschaft gegenüber dem Nationalsozialismus macht er keinen Hehl.[7] Es sind

---

[5] Vgl. Frank Schmidt (1995) Wahlhandbuch Limburg-Weilburg 1919-1939, S.8off.
[6] Vgl. Georg Rompel, Chronik. Handschriftlich, „Mein Dienst als Bürgermeister", S. 166-175.
[7] Wie sein Nachfolger Oskar Wicker als Ortsgruppenleiter verschiedentlich bemerkt und wie es z.B. in einer Gerichtsverhandlung am Gendarmerieamt Limburg im Sommer 1937 zur Sprache kam. Anlass war eine „Pfundsammlung" der NSV (Nationalsozialistische Volkswohlfahrt) m Juni 1937, zu der die Ortsfrauenschaftsführerin Babette Wicker aufgerufen hatte. Eine beteiligte Sammlerin berichtete als Zeugin von Erfahrungen bei der Sammlung in der Sackstraße. Sie habe ihrer 14-jährigen Begleiterin gesagt „... als wir gerade gegenüber dem früheren Bürgermeister seinem Hause wieder nichts bekommen hatten: ,Da gehen wir auch nicht hinein. Da bekommen wir auch nichts.'" Zuvor hatten sie vom Landwirt Hubert Otto aus der Kirchfelderstraße die Antwort bekommen: „Wir geben nichts, solange der Pfarrer in der Schule sein Amt nicht ausführen kann." Vgl. Spruchkammerakte Wicker hhstaw_520--

einzelne oder Familien, die als NS-Gegner oder gar als Antifaschisten in Lindenholzhausen bekannt sind: Jung-König, Giehl, Stein, Brahm, Stephan, Rompel, Blum, Schwarz, Siegenbruck.[8]

Die Armut in Lindenholzhausen ist, wie die Jahre vorher groß, ebenso wie in einigen Häusern der Hunger und zunehmend auch Angst.[9]

Der Ortsfilmwart Lorenz Trost[10] zeigt weiter Filme, weit über 1939 hinaus, dabei schauen später auch Fremdarbeiter*innen zu. Lorenz Trost erwähnt vor allem Ukrainerinnen.[11]

Im Mai 1933 kommt es zu Hausdurchsuchungen bei dem Stuckateur Karl Schwarz (geb. 1890 in Krefeld). Er ist KPD-Anhänger und lebt seit einigen Jahren in Lindenholzhausen.[12] Der Schlosser und KPD-Mitglied Hermann Siegenbruck (geb. 1895 in Lindenholzhausen) wird 1933 ein Vierteljahr wegen seiner politischen Überzeugung inhaftiert. Er soll anschließend „auf der Flucht erschossen" werden, aber anscheinend ist sich das Erschießungskommando nicht einig geworden. 1936 kommt Karl Schwarz nach „Spitzeltätigkeit"[13] noch einmal vier Wochen in Haft.[14]

Am Abend des 23. November 1933, zwischen 17 – 18 Uhr wird Bürgermeister Rompel auf der Bürgermeisterei von dem Händler Jakob Traudt (1899-1961) tätlich angriffen. Es ging dabei um dessen Kieslieferungen an die Gemeinde und das dazu entsprechende Schriftstück. Dieses wollte Traudt mit Gewalt an sich nehmen, obwohl es ein amtliches Dokument war. Das Geschehen wird an den Landrat gemeldet.

---

bw_nr_3029, S. 331f. Hintergrund war, dass der Religionsunterricht 1937 aus den Schulen gedrängt wurde.

[8] Vgl. Spruchkammerakte Wicker hhstaw_520--bw_nr_3029.

[9] Lindenholzhäuser Zeitzeug/innen

[10] Geb. 7.3.1906 in Oberbrechen

[11] Vgl. Zeugenaussage in Spruchkammerakte Wicker, S.82

[12] Vgl. Zeugenaussage in Spruchkammerakte Wicker, S.98

[13] Bundesarchiv, BArch R 58/3814, Bd. 14 Diverse.

[14] Vgl. Zeugenaussage in Spruchkammerakte Wicker, S.97.

Zum 1. April **1934** tritt Georg Rompel von seinem Amt als Bürgermeister „freiwillig aus politischen Gründen"[15] zurück. Mit dem auf ihn folgenden Oskar Wicker ist nun ein NSDAP-Mitglied Bürgermeister und Ortsgruppenleiter (auch „Stützpunktleiter" oder „Gemeindeschulze" genannt) in Lindenholzhausen. Wicker wurde 1894 in Großauheim (bei Hanau) geboren und wohnt seit 1919 in Lindenholzhausen. Von Beruf ist er Kaufmann und Fahrzeughändler und wohnt am Sauborn. Er wird in den kommenden Jahren mit seiner antikirchlichen Haltung im Gegensatz zu einem großen Teil der Lindenholzhäuser stehen.[16]

Die Ämter in der Gemeinde sind folgendermaßen verteilt: (stellvertretender) Gemeindekassenverwalter und Ehrenbeamter ist Richard Breser (1907-1980), ab August 1942, nachdem Breser zur Wehrmacht einberufen wurde, Josef Löw[17]. Die Gemeinde hat zu diesem Zeitpunkt ein Vermögen von 21.367,27 Reichsmark. Waldverwalter ist Hilfrich, Nachtwächter Richard Noll, Feldhüter Müller, später Albert Simonis. Im Gemeindebüro beschäftigte Frauen sind Leni Weidenbusch, Lieber, Brahm, Hering und Schickel.[18]

Die „Arbeitsbeschaffungsmaßnamen der Reichsregierung" sollen der Volksschule Lindenholzhausen helfen, die hygienisch und schultechnisch unzureichende Situation für 150 Schüler zu verbessern. Rektor Otto schreibt dies am 3. April 1934 an Schulrat Fromm.

Im Winter 1934 wird als Brennmaterial für Lindenholzhausen Holz aus Kirberg gefällt.

Am 30. Dezember 1934 findet die Wahl zum Kirchenvorstand der katholischen Pfarrgemeinde statt. 16 Männer gehören ihm an. Neben zehn Landwirten, befinden sich darunter zwei Arbeiter und je ein

---

[15] So in einer Erklärung am 13.11.1947 in Spruchkammerakte Wicker, S.97.
[16] Vgl. dazu auch Spruchkammerakte Wicker, S. 219.
[17] geb. 24.8.1895.
[18] Vgl. hierzu und im Weiteren die Akten der Gemeindevertretung Lindenholzhausen 1933-1945 HHStAW_411_2141

Zimmermann, Schlosser, Werkmeister und Schreiner. Der Kirchenrechner und stellvertretende Vorsitzende ist Heinrich Friedrich.[19]

Von **1935** bis 1945 ist Richard Noll, Schuhmachermeister, Polizeidiener der Gemeinde.[20]

Mitte des Jahres 1935 kommt es zu Verwerfungen zwischen HJ-Scharführer Heinrich Stein und Ortsgruppenleiter Oskar Wicker, die schon länger anhalten. Wicker schreibt entsprechend an die Kreisleitung der NSDAP Limburg. Darin geht es u.a. um Lindenholzhäuser, die bei Juden kauften, eidesstattliche Erklärungen und Beschimpfungen.[21] Es folgt ein parteigerichtliches Verfahren wegen Disziplinlosigkeit von Heinrich Stein.[22] Bereits ein halbes Jahr vorher gab es ähnliche Streitigkeiten von Wicker mit Franz Schickel (Stützpunktleiter, geb. 1906 in Niederselters). Das angestrebte gerichtliche Verfahren wird nur aufgrund Schickels früher Parteimitgliedschaft bei der NSDAP (1.6.1929) beigelegt.

In Lindenholzhausen existiert eine Reiterschar, die dem „S.A. Reitersturm 6/148" zugeordnet ist. Am 23.9.1935 wird einem dieser „S.A. Reiter" aus Lindenholzhausen von dem Truppführer Wetzel aus Limburg bestätigt, dass er „ein gewissenhafter und treuer Gefolgsmann unseres Führers Adolf Hitler" ist.[23]

Am 28.Dezember 1935 unterstützt Bürgermeister Wicker ein Gesuch der Ortsfachgruppe „Ziegenzucht Lahn" Lindenholzhausen, Kosten für die Rodung einer Weide zu übernehmen. 240 Ziegen gibt es in der Gemeinde Lindenholzhausen.

Am 29. Juli **1936** wird die Hebamme Anna Roos von einem Sondergericht des Oberlandesgerichts Frankfurt zu einer Gefängnisstrafe

---

[19] Diözesanarchiv Limburg
[20] Spruchkammerakte Wicker, S. 73 Richard Noll, der aus Niedertiefenbach stammt, scheint kein Mitglied einer nationalsozialistischen Vereinigung gewesen zu sein, von ihm existiert – bislang - keine Spruchkammerakte.
[21] Spruchkammerakte Wicker, S. 325f.
[22] Spruchkammerakte Wicker, S. 295
[23] Vgl. Gemeindeakten Lindenholzhausen 1933-1945 HHStAW_411 _2141

von sieben Monaten verurteilt. Vorangegangen waren mehrere Denunziationen in Lindenholzhausen. Bürgermeister Oskar Wicker bescheinigt ihr Partei- und Staatsschädigende Gerüchte. Er bittet in einem Schreiben an das Bezirksverwaltungsgericht Wiesbaden vom 29.1.1937, Anna Roos das Hebammenzeugnis zu entziehen, was nicht geschieht.[24]

Pfarrer Schermuly darf ab Juni/August **1937** – so wie in ganz Deutschland - keinen Religionsunterricht mehr an der Volksschule erteilen. Von nun an tut er das zunächst am Nachmittag im Schwesternhaus.

1937 beginnt der Bau der Reichsautobahn „Strecke 31" Frankfurt/M. – Köln. Die Autobahnbrücke Limburg wird von 1937 bis 1939 fertig gestellt. Am 12.7.1937 unterzeichnen ein Herr Künzel von der Reichsautobahn oberste Bauleitung, Frankfurt/Main und der Bürgermeister von Lindenholzhausen, Wicker eine Vereinbarung zwischen beiden zwecks Bodenentnahmen auf dem Gemeindegebiet.

Ferdinand Kolter ist von 1937-1945 Arbeiter und Botengänger auf dem Bürgermeisteramt.

Trotz allem Druck von Seiten der NSDAP, SS und SA werden noch 1937 von Lindenholzhäuser Familien Geschäfte mit dem Villmarer Juden Gutheim gemacht.[25] Er kam mit Textilien in die Häuser.[26]

Bürgermeister Wicker spricht in einem Bericht vom 30.12.1937 davon, dass die Gemeinde Lindenholzhausen „fast 2000 Einwohner" habe.[27]

---

[24] Das Schreiben befindet sich unter Kapitel „Dokumente aus den Jahren 1933-1945". Der Limburger Stadtarchivar Dr. Christoph Waldecker arbeitet seit 2 Jahren an einer Biografie zu Anna Roos, welche vermutlich in 2024 erscheinen wird.
[25] Vgl. Spruchkammerakte Oskar Wicker (hhstaw_520--bw_nr_3029_), S. 296. Vermutlich handelt es sich hier um Isidor Gutheim (1865-1942), letzter Gemeindevorsteher der jüdischen Gemeinde Villmar. Er kam im KZ Sachsenhausen ums Leben.
[26] Vgl. Lindenholzhäuser Zeitzeugen
[27] Gemeindeakten 1933-1942 HHStAW_411_2141

In der Nacht vom 9. auf 10. November **1938** wollen einige Linden-holzhäuser Anhänger von SA und SS - die vermutlich aus Limburg kamen, wo u.a. die dortige Synagoge zerstört wurde - in der Bahnhofstraße 7 die dort befindliche Praxis des Dentisten Ludwig Ornstein verwüsten. Ein tapferer Hauseigentümer Jakob Stein stellt sich dazwischen.[28]

Nach Ausbruch des II. Weltkriegs am 1. September **1939** findet für 14 Tage kein Unterricht in der Volksschule statt. Zu dieser Zeit ist in der Alten Schule auch das HJ-Heim untergebracht. Wenn es Ferien gibt, wird das Deutschlandlied beim Hissen der Hakenkreuzfahne gesungen.[29]. Es gibt so genannte Einquartierungen von Wehrmachtssoldaten, wie sie auch in den umliegenden Gemeinden üblich waren. In unmittelbarer Nähe stehen an der Autobahn Flugabwehrkanonen. Im benachbarten Linter wird 1936/1937 ein Flugplatz gebaut, der zunächst zivilen Flugzeugen als Hilfslandeplatz dient. Doch schon vor Kriegsbeginn wird er zu einem Einsatzhafen der Luftwaffe ausgebaut, und 1944 noch mit einer 1700 Meter langen Start- und Landebahn versehen.[30]

1940 kommen erste Zwangsarbeiter/Gefangene nach Lindenholzhausen. Sie werden „Ost- und Fremdarbeiter" genannt, zuerst Polen, dann Franzosen, auch Italiener und Ukrainerinnen müssen u.a. an Bauernhöfen, in Haushalten, aber auch in der Bäckerei arbeiten. Im November 1944 helfen 35 französische Kriegsgefangene bei den Räumarbeiten nach dem schweren Bombenangriff. Das Verhältnis zwischen Lindenholzhäusern und den Zwangsarbeitern ist teils freundschaftlich. Einige der Zwangsarbeiter dürfen– trotz Verbot und Kontrollen durch Ortsgruppenleiter Wicker – bei den Familien am Tisch mitessen. Franz Rompel (1909-1963) wird bei Wicker denunziert, weil er französischen Kriegsgefangenen französische

---

[28] Vgl. auch das Kapitel „Sie hatten einen Namen - ..."
[29] So Josef Sesterhenn, der zu dieser Zeit ins 8. Schuljahr ging.
[30] Vgl. u.a. Jürgen Zapf: Flugplätze der Luftwaffe 1934 - 1945 - und was davon übrigblieb, VDM-Verlag, 2010

Zeitungen in Limburg besorgt. Wicker bringt dies allerdings nicht zur Anzeige. In Franze Saal als "Kriegsgefangenenlager 972 Stalag XII A" übernachten diese Menschen. Dort müssen sie sich abends 18:00 wieder einfinden. Wenige Namen sind bekannt: Jacques Prevost, Francois, Julien, Maurice, Fabianski Kocek (aus Poznań). Maria Neunzerling, deren Mann früh verstarb, ist seit Februar 1942 für den französischen Teil des Gefangenenlagers als Dolmetscherin tätig.[31] Sie ist bei ihrer Tätigkeit einigen Denunziationen ausgesetzt.[32] Nach dem Krieg gab es von einigen Lindenholzhäuser Familien weiter Kontakte zu ehemaligen Zwangsarbeitern und auch wechselseitige Besuche.

Über zwölf Millionen Menschen leisteten in den Jahren 1939-1945 Zwangsarbeit für das nationalsozialistische Deutschland.[33]

Im November 1940 wird der schon 1938 geplante, aber noch immer nicht erfolgte Bau einer Löschwasserzisterne angemahnt. Die Errichtung einer solchen gehöre zu „einer der vordringlichsten Aufgaben der Gemeinde, zumal auch im Interesse des Feuerschutzes bei Luftgefahr."[34]

Der Kreisobstbauinspektor aus Limburg sieht den Befund der Gemeindeobstanlagen von Lindenholzhausen am 9. September **1941** als verbesserungsbedürftig – besonders an den Feldwegen nach Mensfelden, auf der Geisweid und auf dem Hochfeld.[35]

Im September **1942** informiert die Landesbauernschaft Hessen-Nassau den Bürgermeister von Lindenholzhausen darüber, dass „aus Gründen der Treibstoffersparnis ... in Ihrem Ort in diesem Jahr der Drusch elektrisch durchgeführt" werden soll. Andernfalls müsse die

---

[31] Spruchkammerakte hhstaw_520--38_nr_50156, S.48
[32] Selbsterklärung in hhstaw_520--bw_nr_3029.
[33] Vgl. https://www.zwangsarbeit-archiv.de
[34] Der Brief stammt von der „Nassauischen Brandversicherungsanstalt C.III Lindenholzhausen". Gemeindeakten 1933-1942 HHStAW_411_2141
[35] HHStAW_411_2142

benötigte Kohle „aus den Hausbrandbeständen der Bauern entnommen"[36] werden.

Am 15.12.1942 wird Franz Rompel („Geise" 1904-1969) als Ortsbauernführer Nachfolger von Johann Eichhorn, und somit Leiter der untersten Einheit im Aufbau des „Reichsnährstandes". Damit er dies werden konnte, brauchte es ein Gutachten der Kreisleitung, das u.a. auf eine Referenz von Ortsgruppenleiter Wicker zurück geht. Diese bescheinigt ihm: „weltanschauliche Festigkeit: gegeben, kein Kirchenläufer", „Konfessionelle Gebundenheit: kath., aber nicht gebunden".[37]

Auf dem Sportplatzgelände an der Mensfelder Straße sind **1943** Soldaten stationiert. Sie sind in zwei größeren Zelten einquartiert.[38]

Am 25. November **1944** sterben bei einem Luftangriff vier Menschen: Jakob Otto (geb. 1872), Magdalena Dernbach (geb. 1884), Alexander Fachinger (geb. 1896) und seine Tochter Gertrud (geb. 1939).

Ende März **1945** künden von Limburg her kommend die Geschütze amerikanischer Panzer vom Ende des Krieges. Aus Lindenholzhausen waren vorher einige Bauern zum Volkssturm einberufen. Im Dorf sind diese letzten Tage im März durch Hektik, eine in Lindenholzhausen stationierte SS-Abteilung[39] bestimmt und durch manches Glück.

Mit dem Einzug amerikanischer Truppen am **27. März 1945** endet in Lindenholzhausen das zwölfjährige „tausendjährige Reich". Es verläuft dann relativ friedlich im Ort, im Gegensatz zu Nachbarorten, wie z.B. Limburg, wo SS-Einheiten und Teile des Volkssturms sinnlos gegen die US-Soldaten weiterkämpfen. Georg Rompel wird am Abend des gleichen Tags von den US-Truppen als vorläufiger Bürgermeister eingesetzt.

---

36 Gemeindeakten 1933-1942 HHStAW_411_2141
37 Spruchkammerakte hhstaw_520--38_nr_50156, S.12
38 Vgl. Bernhard Rompel, Kriegserlebnisse als Kind, in: 1250 Jahre Lindenholzhausen. Historische Sammlung (2022), S.127
39 Vgl. Werner Jung, Glück gehabt, S. 67-70.

Die Chronik des Schwesternhauses „St. Josefhaus" Lindenholzhausen 1910-1963 liegt im Original im Mutterhaus der Armen Dienstmägde Jesu Christi in Dernbach/Westerwald. Josef J.G. Jung hat 1992 eine Kopie der Großteils in Sütterlin geschriebenen Chronik angefertigt, die wir hier verwendet haben.[40] Eine weitere Kopie liegt im Hauptstaatsarchiv Wiesbaden.[41]

Mit Gott ins neue Jahr 1933

Groß ist die Zahl der armen Arbeitslosen, darum auch groß die Armen, welche sich das tägliche Brot an den Türen fordern. Wir wollen hoffen, dass es mit Gottes Hilfe bald besser wird.

1935

Am 15. Oktober, Fest der großen hl. Teresia feierte unsere Filiale 25jähriges Bestehen. In der Kirche war feierliches Hochamt, wo Hochw. Herr Caritasdirektor die Festpredigt hielt. Einige Leute aus dem Dorfe kamen und brachten mancherlei Geschenke.

1937

Im April feierte Sr. Tranquillius ihr 25jähriges Ortsjubiläum. Die Ortsbewohner nahmen regen Anteil durch kleine Geschenke von Lebensmitteln und Geld. (...)

Am 12. Dez. feierte Herr Alexander Stein unseres Nachbarn Sohn, sein erstes heiliges Messopfer, nachdem er am 8. Dez. im hohen Dom zu Limburg die hl. Priesterweihe empfangen hatte. Auf seinen Wunsch

---

[40] Die Rechtschreibung der transkribierten Dokumente im gesamten Buch wurde im Original belassen.
[41] HHStAW Bestand 360/306 Nr. 29

hin feierte er das Fest in unserem Kindergarten, hatte er doch schon als Kind den Kindergarten besucht. Zu den 70 Gästen fand sich nachmittags auch der Hochwürdigste Herr Dr. Antonius Hilfrich als Verwandter des Neupriesters ein. (...) Dann sagte der Hochwürdigste Herr, die guten Leute hier in Lindenholzhausen lassen ihre Schwestern nicht im Stich. Dann bekamen wir seinen hl. Segen. Dieser hohe Besuch entschädigte uns vollständig für die viele Arbeit des Jahres.

1938

Gleich zu Anfang dieses Jahres sahen wir uns genötigt, für eine ausreichende zeitgemäße Kindertoilette zu sorgen; denn die vorhandene war schon lange unzureichend für die vielen Kleinen unseres Kindergartens.

1939

Viele Sorgen machte uns in diesem Jahre der Brunnen, welcher unter der Küche liegt. Von Februar ab stieg sein Wasser ständig über Kellerhöhe, wodurch wir selbst und Nachbar Otto Wasser in den Keller bekam. Helfend zeigte sich hier die Ortsfeuerwehr, welche unter Führung des Feuerwehrhauptmanns Keller alle 14 Tage den Brunnen noch Abends nach ihrer Arbeit entleerten. (...)

Dann kam der Krieg immer näher. (...)

Im Krieg wurde unser kl. Kindergarten als Schreibstube hergegeben. Im Okt. kamen die ersten Soldaten bestgelaunt in einer Sanitätskompagnie. Der Kführer Herr Oberstabsarzt Hacker ein guter Katholik bat um Quartier. Es wurde ihm gewährt. Drei Feldküchen standen in unserem Hof. Es ist richtiges Soldatenleben hier.

1940

Bis zum 10. Mai hatten wir noch ständig Militär hier. Die Nachrichten-Kompagnie zog ab und Pioniere kamen. Die Schreibstube war von

Oktober 1939 bis Mai 1940 im kl. Kindergarten aufgestellt. Gefreiter Hans Kaufmann hier im Quartier.

1941

Am Feste Maria Verkündigung hielt unser Hochw. Herr Pfr. Schermuly um 7 ½ Uhr das erste feierliche Amt in dem für unsere Verhältnisse ganz netten Kapellchen. (...) Auch unsere Nachbarfilialen Ober -und Niederbrechen hatten zwei Schwestern zum Feste entsandt. (...) Zwei neue Bänke wurden von den Gebrüdern Stein hier noch angefertigt für die Kapelle sowie ein Meßpult bestellt.

In diesem Jahr ließen wir auch unseren Garten im Oberfeld ringsum einzäunen. (...)

In diesem Sommer hatten wir ständig einige Kurgäste aus Köln und Frankfurt. Die Anfragen sind der ständigen Fliegerangriffe wegen, auf die Großstädte sehr zahlreich.

Ein denkwürdiger Tag war für uns der siebte August. Um 11 Uhr Morgens erschien eine Abordnung der heutigen Behörden um unseren Kindergarten für sich zu beschlagnahmen. Widersinnig kam uns bei dieser Handlung vor, dass unsere Leistungen, nach dem das Wort führenden Herrn sehr anerkannt und unsere Arbeit sehr geschätzt wurden und daraufhin dann der so sehr geschätzte Arbeiter seine Arbeit abgenommen bekam. Doch sei dem lb. Gott für alles Dank gesagt.

1942 - 1945

(...) In den ersten zwei folgenden Jahren arbeiteten wir mit vielen Opfern des furchtbaren Krieges, eine jede Schwester so gut als es ging, in ihrem Berufe, weiter. Die N.S.V. leitete in unserem Kindergarten mit einer kleinen Anzahl Kinder den Betrieb dort weiter, mit blutendem Herzen möchte man sehen, wie bis jetzt so gut erhaltenes Spielzeug und Gerät den Weg der Vernichtung ging. (...)

In den Jahren 1942 + 43 konnten trotz Kriegswirren alle Schwestern (...) an den geistlichen Übungen teilnehmen. Im Monat März 1944 am

I. Fastensonntag wurde unser Hochw. Herr Pfarrer Schermuly plötzlich von einem leichten Schlaganfall heimgesucht. Von jetzt an konnte der Hochw. H. Pfarrer den Dienst in Kirche und Religionsunterricht nicht mehr allein bemeistern und fand in dem Hochw. Herrn Subregens Karell aus Limburg eine gute Stütze. (...) Unter Einsetzung höchster Lebensgefahr legte Hochw. H. Pfarrer Kunz in den schrecklichen Kriegsjahren seine seelsorglichen Fahrten von Oberbrechen nach hier zurück; teils auf dem Fahrrad oder mit der Eisenbahn; feindliche Flieger sausten häufig durch die Luft und wir atmeten immer erleichtert auf, wenn wir hörten, es ist alles gut. (...) Mit Erlaubnis unserer Ehrwürdigen Vorgesetzten erhielt im selben Jahr unsere Kapelle einen neuen Anstrich durch den Herrn Göbel. (...)

Über all diesem Schönen und Erhabenen blieb uns immer noch das schreckliche Kriegsgetöse.

Tag für Tag zogen in Mengen 100 von Flugzeugen über uns her, Tod und Verderben bringend. Manche Stunden mussten wir im Luftschutzkeller zubringen. Am 25. November 1944 wurde das Dorf mit Bomben beworfen, 4 Personen kamen dabei ums Leben, mehrere Häuser stürzten ein. Immer furchtbarer suchten die Tiefflieger unser Dorf heim, doch der Waffenstillstand war nach all diesem Grauenhaften nicht mehr weit. Am Dienstag in der Carwoche konnten wir die weiße Fahne hissen, die Amerikaner zogen ein und brachten uns allen die ersehnte Ruhe.

Ein ganz inniges, von Herzen kommendes „Te deum" für all das Gute, die vielen Gnaden und den Schutz, den uns der lb. Gott in all den unseligen Zeiten geschenkt hat, drängte sich uns auf die Lippen. Unser altes kleines Häuschen war, außer ganz kleinen Schäden vor großem Unheil bewahrt worden.

Jetzt kamen für unser Haus und die Schwestern andere Zeiten. Nach der Übernahme der Militärregierung sollten wir auch unseren Kindergarten wieder übernehmen. Fleißige Hände sorgten sich um alles wieder, so weit es möglich war, in Ordnung zu bringen. ...

Johannes Schermuly war von 1921-1946 Pfarrer in Lindenholzhausen. Nach den Einschätzungen einiger Zeitzeugen war er ein völlig unpolitischer Priester, wenn er selbst sich etwas anders beschrieb.[42] Im Bistum Limburg gab es seinerzeit ausgewiesene Pfarrer, die die Ideologie des Nationalsozialismus bekämpften. Ferdinand Dirichs, Diözesanjugendseelsorger war eine der treibenden Kräfte im Widerstand gegen den Nationalsozialismus. Dazu gehörte auch der aus Lindenholzhausen stammende Georg Rompel (1897-1982). Diesem wurde u.a. 1941 wegen Glockengeläuts während einer Führerrede KZ-Haft angedroht.

Nur ein Vierteljahr nach dem Ende des II. Weltkriegs richtete Generalvikar Matthäus Göbel ein Schreiben an alle Pfarrer des Bistums Limburg. Darin enthalten waren 14 Fragen, welche die Verfolgungspolitik des „Dritten Reiches" betraf. Göbel (1862-1948) war während der Jahre 1933-1945 die Seele des Widerstands im Bistum[43]. Man merkt den Fragen an, dass sie wenig offen gestellt sind. Vielleicht ist das der Grund dafür, dass Pfarrer Schermuly den Fragebogen recht knapp beantwortet hat.

Es folgt hier zunächst das Schreiben des Bischöflichen Ordinariates Limburg an alle Pfarrer im Bistum Limburg und dann die Antwort von Pfarrer Schermuly, die aufgrund von Urlaub erst 8 Wochen später (statt der erbetenen 3 Wochen) erfolgte.[44]

Bischöfliches Ordinariat.

Limburg, den 29. August 1945. Ad NOE 2213.

Betr. Verfolgungspolitik des dritten Reiches

Göbel

---

[42] Vgl. unten die Antwort zu Frage 1. Im Hauptstaatsarchiv liegt eine Sachakte zur Volksschule Lindenholzhausen im Zeitraum 1935-1940. Darin ist u.a. von „Untersuchungen gegen den Pfarrer Johannes Schermuly" die Rede. Es könnte hier ein Zusammenhang zum Verbot der Erteilung von Religionsunterricht in 1937 bestehen.
[43] Vgl. Klaus Schatz, Geschichte des Bistums Limburg, 292
[44] Danke an das Diözesanarchiv des Bistums Limburg für die Druckgenehmigung.

An die H.H. Pfarrer und Pfarrvikare der Diözese Limburg

Es ist notwendig, daß wir einen einwandfreien Überblick und genaue Angaben über die Verfolgungspolitik des dritten Reiches u. das Verhalten der kathol. Bevölkerung erhalten. Wir bitten deshalb uns innerhalb 3 Wochen nach Erhalt dieses Schreibens an Hand der folgenden Fragen einen genauen Bericht gegebenenfalls unter Beifügung von Abschriften der in Betracht kommenden Schriftstücke zuzusenden. Wenn nichts Besonderes zu berichten ist, bitten wir um Fehlanzeige.

1. Wurden Geistlichen der Pfarrei in der Zelt vom 1.Febr.1933 bis zum 31. März 1945 seitens der Partei oder von staatlichen Stellen besondere Schwierigkeiten gemacht ? welcher Art ?

2. Wurden Geistliche (Welt und Ordenspriester) , sonstige Ordenspersonen, Laien Ihrer Pfarrei wegen Handlungen rel.-kirchlicher oder politischer Art (nicht krimineller Art) von der Gestapo vernommen ? Wer? Kurzer Bericht über die Vernehmungen und die Vorwürfe bei denselben.

3. Welche Geistliche (Welt-u. Ordenspriester) , sonstige Ordenspersonen, Laien Ihrer Pfarrei wurden wegen Handlungen rel.-kirchlicher oder politischer Art (nicht krimineller Art) in Haft genommen? Angabe der Gründe? Wie lange waren die einzelnen in Haft? Untersuchungshaft, Zuchthaus, K. Z? (Genaue Zeitangaben!)

4. Welche Angehörigen Ihrer Pfarrei (Priester, sonstige Ordensleute, Laien) - abgesehen von Kriminellen - sind durch Maßnahmen des dritten Reiches zu Tode gekommen ? (z.B. Misshandlung, Ermordung, Folgen der Inhaftierung) In welchen Fällen war die bestrafte Handlung religiös-kirchlicher Art ?

5. Welche kirchliche Organisationen ihrer Pfarrei wurden aufgelöst? Wieviel Mitglieder hatten sie zur Zeit der Auflösung? Wieviel Vorstandsmitglieder? Wieviel Vermögen wurde beschlagnahmt?

6. Welche Privatschulen wurden aufgelöst? Wieviel Lehrer (innen) waren z.Zt. der Auflösung an denselben tätig? Von wieviel Schüler (innen) waren sie z. Zt. der Auflösung besucht?

7. Wann wurde ein kirchl. caritativer {Kindergarten aufgelöst? Wieviel Kinder besuchten ihn damals? Wieviel Kräfte waren damals in ihm tätig? Wieviel Kinder besuchten später- den NSV-Kindergarten?

8. Wann wurde die caritative Nähstube aufgelöst? Wieviel Besucherinnen hatte sie damals? Wieviel Schwestern waren in ihr tätig?

9 Welche andere karitativen Einrichtungen wurden aufgelöst? Wann? Wieviele Pfleglinge (Zöglinge) wurden damals betreut? Wieviel Schwestern und Laienkräfte waren in denselben tätig?

Sollten Objekte durch Enteignung, Zwangsverkauf, Zwangsvermietung, Beschlagnahme, Schließung oder Veränderung des Eigentums entzogen worden sein, so ist der Wert der zweckentfremdeten und lahmgelegten Objekte anzugeben.

10. Wie stark war die Beteiligung der kathol. Jugend, besonders der früher durch kath. Jugendorganisationen erfassten, an der Betätigung der HJ, der BDM, des Jungvolkes, der Jungmädelschar?

II, Haben viele Mitglieder der Standesvereine die Mitgliedschaft in der NSDAP erworben?

12. Wie verhielten sich die kathol. Frauen und Mütter gegenüber der Werbung der NS- Frauenschaft?

13. Wieviel Kirchenaustritte wurden gemeldet?

14, Ist sonstiges über die Haltung der kathol. Bevölkerung gegenüber der NSDAP mitzuteilen?

Wir bitten um möglichst umgebende und gewissenhafte Erledigung dieser Anfrage, da wir die Antworten, für die Erstattung eines Diözesanberichtes und als Unterlage für Anträge an die Regierung benötigen. Die Beantwortung unserer Fragen kann zugleich als Materialsammlung für eine Niederschrift in der Pfarrchronik dienen, da in derselben manches nachzutragen sein wird.

Lindenholzhausen, den 26.10.45

Betr. Verfolgungspolitik des dritten Reiches, ANO 2213

Pfarrer Johannes Schermuly

Dem Hochwürdigsten Bischöflichen Ordinariat reiche ich obengenannten Bericht - wegen meines Urlaubs verspätet - ein.

Ad 1 : Am 27, Dezember 33 wurde ich von der Polizei verhört; ich sollte einem Mitglied des Jungvolkes, das noch 3 Jahre in die Schule zu gehen hatte und Messdiener war, in der Sakristei am Stephanustag[45] fünf Ohrfeigen gegeben haben; tatsächlich hatte ich den Jungen am Ohrläppchen gezogen, weil er ein „Wolkerplakat"[46] am Schwesternhaus angeklebt hatte, obwohl die Schwester Oberin ihn schon dreimal weggejagt hatte ; die Lüge kam am selben Tag noch ans Tageslicht, worauf der Herr Landrat die Anzeige in den Papierkorb warf; die HJ hatte vergebens auf meine Abführung gelauert. Am 4, Juni 1937 wurde mir vom Herrn Regierungspräsident die Erteilung des Religionsunterrichtes untersagt , weil nach angestellten Ermittlungen ich nicht jederzeit rückhaltlos hinter dem nationalsozialistischen Staat stehe.

Ad 2 : Die Hebamme, Frau Anna Roos von hier, war im Jahre 1935 zu dreiviertel Jahr Gefängnis verurteilt ; sie hätte abfällige Bemerkungen über gewisse Führer des dritten Reiches gemacht

Ad 3 : siehe unter 2

Ad 4 : keine

---

45 Also am 26. Dezember 1933
46 Es ist nicht ganz klar, was damit gemeint ist. Vielleicht bezieht es sich auf Ludwig Wolker, der erster Bundespräses der deutschen katholischen Jugend war. Während der Zeit des Nationalsozialismus kam er 1936 in Untersuchungshaft, und bemühte sich während der Jahre, alles Mögliche für die katholische Jugend zu tun. Das Plakat könnte gegen Wolker gerichtet gewesen sein.

Ad 5 : Der kathol. Arbeiterverein wurde aufgelöst; er hatte 70 Mitglieder und 3 Vorstandsmitglieder; seine Fahne wurde beschlagnahmt.

Ad 6 : keine

Ad 7 : Unser kirchlicher Kindergarten wurde am 7, August 1941 aufgelöst ; 160 Kinder besuchten ihn damals ; 2 Schwestern & 2 Mädchen waren in ihm tätig+20-25 Kinder besuchten später den NSV-Kindergarten, es waren meistens zugezogene Kinder+

Ad 8 : Zur selben Zeit wurde die Nähschule der Schwestern aufgelöst , sie hatte damals 15 — 20 Bcsucherinnen, eine Schwester war in ihr tätig.

Ad 9 : keine

Ad 10 : Die Beteiligung der kath, Jugend an den nationalsozialistischen Jugendorganisationen war eine sehr mäßige und flaue+

Ad 11 : keine

Ad 12 : Unsere Frauen verhielten sich gegenüber der Werbung der NS-Frauenschaft ziemlich ablehnend, aus dem Mütterverein ist keine ausgetreten+

Ad 13 : 17 Kirchenaustritte wurden gemeldet, davon waren 4 von Einheimischen+

Ad 14 : nein

Pfr. Schermuly
Geistl. Rat

OPFER DER NS – „EUTHANASIE"

von Anja Siehoff und Frank Mach

Was genau verbirgt sich hinter dem Wort „Euthanasie"?

Mit der NS-Euthanasie ist als erstes die Tötung von Menschen mit einer Behinderung oder psychischen Beeinträchtigung in der Zeit von 1940-1945 gemeint. Damit verbunden sind außerdem die Maßnahmen, die aus dem Gesetz zur Verhütung erbkranken Nachwuchses entstanden sind. Dieses Gesetz wurde 1933 erlassen und man nannte dies auch das „Zwangssterilisierungsgesetz".

Warum schreiben wir dazu in diesem Buch und was ist die Verbindung zu Lindenholzhausen?

13 km von Lindenholzhausen entfernt liegt das Städtchen Hadamar. In der dortigen Heil- und Pflegeanstalt wurden von Januar bis August 1941 über 10.100 Menschen im Keller vergast und verbrannt. Und ab 1942 starben bis zur Befreiung durch die amerikanischen Truppen erneut fast 4.500 Menschen mittels einer Überdosis an Medikamenten oder aufgrund von Verwahrlosung und Verhungern.

Auch Menschen, die in Lindenholzhausen geboren wurden, sind dort umgekommen bzw. waren dort und wurden aufgrund des Aufenthaltes in Hadamar zwangssterilisiert.

Diesen Menschen möchten wir mit ihrer Namensnennung, mit der Beschreibung ihrer Lebensgeschichte, soweit wir diese erfahren haben, einen Teil ihrer Menschenwürde wiedergeben.

Einleitend geben wir einen Einblick in Rolle und Handeln des damaligen Bischofs Antonius Hilfrich bezüglich des Themas Euthanasie. Er ist am 03. Oktober 1873 in Lindenholzhausen geboren.

Seine Eltern waren Bauern, er hatte 11 Geschwister.

Er studierte in Rom Theologie und Philosophie und wurde dort auch 1898 zum Priester geweiht.

Kaplan war er in Weilburg und am Dom in Frankfurt. Danach wurde er Regens im Konvikt in Hadamar bevor er ab 1911 fast 20 Jahre lang Pfarrer, ab 1927 Stadtpfarrer von Wiesbaden war.

1930 wurde er der achte Bischof von Limburg.

Wie hat er sich verhalten, als die Nazis an die Macht kamen? War es viel oder wenig?

Im Februar 1933 verbot er den Besuch des Gottesdienstes in der NS-Uniform, er predigte 1935 im Frankfurter Dom gegen die Störung von Gottesdiensten durch politische Krawalle und die Beeinträchtigungen des Religionsunterrichtes. In einer Predigt 1939 mahnt er die Wegnahme von caritativen Einrichtungen an. Weitere Eingaben und Schreiben sind erfolgt.

Am 13.08.1941 wandte er sich in einem Brief an den Reichsminister der Justiz in Berlin und protestierte in scharfer Form gegen die Durchführung der Morde an psychisch Kranken in der Landesheil- und Pflegeanstalt in Hadamar. Bischof Antonius schrieb, doch „weitere Verletzungen des fünften Gebotes verhüten zu wollen".

Hitler stoppte die Gasmordaktion am 24.08.1941.

Leider war dies nur eine Unterbrechung und die Ermordung von Menschen mit Beeinträchtigungen ging in Hadamar ab August 1942 mit einer Überdosis an Medikamenten und Mangelernährung weiter.

Am 5. Februar 1947 starb Antonius Hilfrich in Limburg an der Lahn.

Bischof Antonius Hilfrich an seinem Schreibtisch.
Quelle: Diözesanarchiv Limburg, Bestand Foto Heinz.

JOHANN HILFRICH, 1893 – 1941

von Frank Mach

Wenig wissen wir über das Leben und Schicksal von Johann Hilfrich.

Er wurde am 03. März 1893 in Lindenholzhausen[47] geboren. Vermutlich am 28. Januar 1941 wurde er in Hadamar im Alter von 48 Jahren ermordet.
Todesdatum und Ort lassen sich mit zwei Quellen belegen.

---

47 Vgl. Familienchronik von Georg Rompel und Geburtsurkunde.

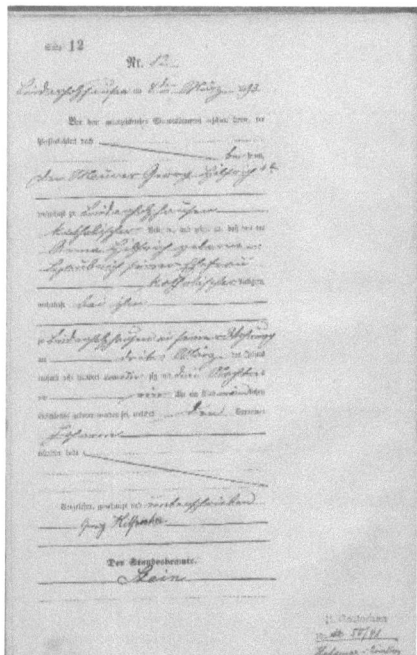

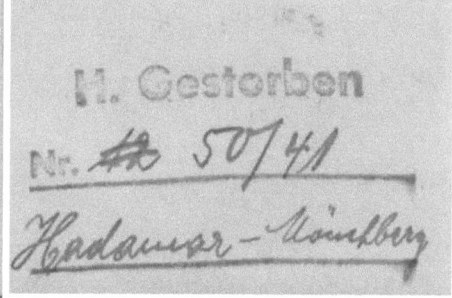

Geburtsurkunde von Johann Hilfrich mit vergrößertem Randvermerk.

Sein Name findet sich auf einer „Verlegungsliste"[48]. Entsprechend dieser Liste wurde er am 28. Januar 1941 von Herborn nach Hadamar gebracht. Im Normalfall wurden die Personen, die in diesem Jahr von anderen Anstalten nach Hadamar transportiert wurden, am Tag ihrer Ankunft dort ermordet.

Zum anderen befindet sich auf der Geburtsurkunde von Johann Hilfrich ein Randvermerk, der ausweist, dass er auf dem Mönchberg in Hadamar gestorben sei.

Leben und Familie

Johann Hilfrich hatte sechs Geschwister. Er war das fünfte Kind von Georg Hilfrich (geb. 05.12.1853, + 06.09.1927) und Anna Hilfrich

---

[48] Vgl. Verlegungsliste im Hauptstaatsarchiv; Signatur HHStAW 461-32061/17 – Information von Chr. Waldecker Stadtarchiv Limburg.

(geb. Haubrich[49] 02.02.1856, + 07.08.1933). Georg Hilfrich, der Vater von Johann Hilfrich, war Maurer von Beruf.

Anna Hilfrich geb. Haubrich, Mutter von Johann Hilfrich

Die Geschwister von Johann sind, bis auf seinen Bruder Josef, alle bereits vor dem zweiten Weltkrieg verstorben. Josef war 17 Monate jünger als Johann. Er wurde im Dezember 1894 geboren[50] war später Lehrer in Girkenroth im Westerwald.[51]

Josef Hilfrich, Bruder von Johann

Maria Schuller aus Lindenholzhausen erinnerte sich aus Gesprächen mit ihrem Vater Georg Hilfrich (1896-1971), dass Johann Hilfrich im Ort unter dem Namen *Haubrichs Hannes* bekannt war und als „nicht

---

[49] Quelle des Fotos Carla Weber geb. Hilfrich, Tochter von Josef Hilfrich und Enkelin von Anna Hilfrich.
[50] Vgl. Familienchronik von Georg Rompel.
[51] Quelle des Fotos: Carla Weber, geb. Hilfrich, Tochter von Josef Hilfrich.

ganz klar im Kopf" bezeichnet wurde. Ihr Vater Georg Hilfrich war ein Cousin von Johann Hilfrich.

Unter welcher Beeinträchtigung Johann Hilfrich genau litt, konnte sie leider nicht sagen. Sie ist ihm wissentlich persönlich nie begegnet. (Sie war 10 Jahre alt, als ihr Großonkel ermordet wurde.)

Maria Schuller kann sich nur erinnern, dass Josef Hilfrich (Johann Hilfrichs Bruder) seinen Cousin Georg (ihren Vater) bei einem Besuch gefragt hat, ob dieser die Vormundschaft für Johann Hilfrich übernehmen könnte. Er wolle das Amt aus Angst vor Repressalien durch die Nazis nicht übernehmen. Es bleibt unklar, ob Georg Hilfrich dieses Amt übernommen hat.[52]

Letzter freigewählter Wohnort in Lindenholzhausen - Engstraße

Nicht eindeutig belegt ist, wo sich der letzte freigewählte Wohnort von Johann Hilfrich befand. Zumal absolut unklar ist, ab welchem Zeitpunkt er sich in einer psychischen Anstalt befand.

Es lässt sich vermuten, dass er zuletzt in der Engstraße 1 in Lindeholzhausen lebte. Folgendes spricht dafür:

Vermutlich befand sich das Elternhaus von Johann Hilfrich in der Engstraße. In der Chronik von Lindenholzhausen von 1972 findet sich der Hinweis, dass Otto Pelz das Haus Engstraße 1, welches er von seinem Schwiegervater Georg Hilfrich (Vater von Johann Hilfrich) geerbt hatte, an Heinrich Otto (Kollasse-Hein) verkauft hat.[53] Otto Pelz war mit der Schwester von Johann Hilfrich, Katharina Lucia (1887-1935) verheiratet.[54] [55] Laut Chronik hat Georg Hilfrich, der Vater von

---

[52] Quelle: Telefongespräch mit Maria Schuller am 01.02.2021
[53] Vgl. Chronik von Lindenholzhausen von 1972, Seite 221, und Telefonat mit Georg Rompel („Uhrmacher") am 16.04.2021: Heinrich Otto (Kollasse Hein) hätte das Haus nicht direkt von Otto Pelz gekauft, sondern von seinen Erben, die später in Elz gelebt hätten.
[54] Vgl. Familienchronik von Georg Rompel (sen.)
[55] Nach Infos von Josef Sesterhenn (Lindenholzhausen) hatten Katharina Lucia und Otto Pelz drei Kinder: Eine Tochter geboren 1921, Mathilde Wies geb. Pelz - Jahrgang

Johann Hilfrich, das Anwesen von seinem Schwiegervater, dem Schreinermeister Anton Haubrich, geerbt.

Haus in der Engstraße 1

Es ist zu vermuten, dass Georg Hilfrich in das sogenannte „Haubrichshaus" eingeheiratet hat und es sich bei dem Haus in der Engstraße[56] sehr wahrscheinlich um das Elternhaus von Johann Hilfrich handelt. Wahrscheinlich ist er dort aufgewachsen. Die Eltern von Johann Hilfrich sind bereits 1927 (Vater) und 1933 (Mutter)[57] verstorben. Ob er eventuell nach dem Tod der Eltern mit seiner Schwester Katharina Lucia, die auch bereits 1935 verstorben ist, und dem Schwager Otto Pelz über den Tod der Eltern hinaus im Haus in der Engstraße lebte, ist unklar.

Josef Sesterhenn (Lindenholzhausen) kann sich erinnern, dass in der Engstraße die Familie Pelz wohnte. Ihr Ortsname wäre

---

1926 die nach Elz verheiratet war und dort in der Weberstr. lebte. (geb. 27.01.1926 in Lindenholzhausen, +25.09.2016 – Quelle Pfarrei Elz) und ein Sohn 1929, der als Kind verstorben ist. Mathilde Lucia Wies geb. Pelz war verheiratet mit Theo Wies und hatte wohl einen Sohn. Mann und Sohn sind auch bereits verstorben.

[56]Bei einem Vor-Ort-Besuch in Lindenholzhausen, bei dem dieses Foto entstand, ist mir aufgefallen, dass das Haus, in dem Nebenführs lebten, die Hausnummer 3-4 trägt. Es bleibt unklar, warum es zu dieser Nummernänderung kam.

[57] Nach Infos von Josef Sesterhenn ist Katharina Lucia Pelz geb. Hilfrich in der Emsbach ertrunken, zwischen 1936 und 1937 . Nach Infos von Carla Weber geb. Hilfrich, wurde die Kinder Elisabeth und Mathilde Pelz 1935 in die Familie von Josef Hilfrich in Girkenroth aufgenommen. Josef Hilfrich übernahm die Vormundschaft über Elisabeth und Mathilde.

Haubrichskath gewesen. Er kann sich erinnern, dass die Schwester von Johann Hilfrich, Katharina Lucia Peltz geb. Hilfrich, in der Emsbach ertrunken wäre und ihr Mann Otto Pelz auch bereits vor 1932 verstorben sei. In dem Haus in der Engstraße hätten zuletzt die Familie Josef Nebenführ gewohnt. In der Chronik von Lindenholzhausen von 1993 findet sich der Eintrag, dass in der Engstraße 1 Hildegart und Josef Nebenführ lebten.[58]

Das Leben und das Schicksal von Johann Hilfrich bleibt leider weitgehend im Dunkeln, umso wichtiger ist die bleibende Erinnerung an ihn!

Neben Johann Hilfrich sind im Jahr 1941 noch zwei weitere Menschen mit dem Geburtsort Lindenholzhausen in Hadamar direkt nach ihrer Ankunft vergast und verbrannt worden.

Es waren zum einen **MARIA MARGARETHE DERNBACH**, geboren am 08.05.1900 in Lindenholzhausen. Sie war in der Heil-und-Pflegeanstalt Weilmünster untergebracht. Weilmünster war eine der sogenannten Zwischenanstalten für Hadamar in der ersten Mordphase. Sie wurde am 24.07.1941 nach Hadamar verlegt und noch am gleichen Tag ermordet. In der Sterbeurkunde stand das Datum 14.08.1941 und der Sterbeort Pirna-Sonnenstein. Dies war eine Maßnahme der Verschleierung. Die sechs Tötungsanstalten haben sich gegenseitig Sterbeurkunden ausgestellt. Es gibt keine Akte von ihr in Hadamar – die

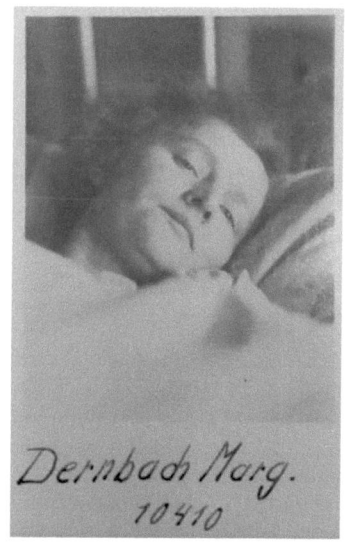

---

58 Vgl. Chronik von Lindenholzhausen, Seite 382

Informationen kommen aus Verlegungslisten, die in Wiesbaden im Hauptstaatsarchiv liegen.[59]

Die zweite Person war **GEORG WILHELM SCHMIDT**, geb. 04.03.1892 in Lindenholzhausen. Er war das jüngste Kind von sieben Geschwistern. Nach der Heirat in Mühlen mit Anna Franziska Muth, lebte er in Mühlen und hatte drei Kinder. 1935 kommt er zunächst in die Landesheilanstalt Hadamar. Im Januar 1936 erfolgt die Verlegung in die Heil-und-Pflegeanstalt Herborn, wo er zwangssterilisiert wird.[60] Herborn war auch eine der neun Zwischenanstalten. Am

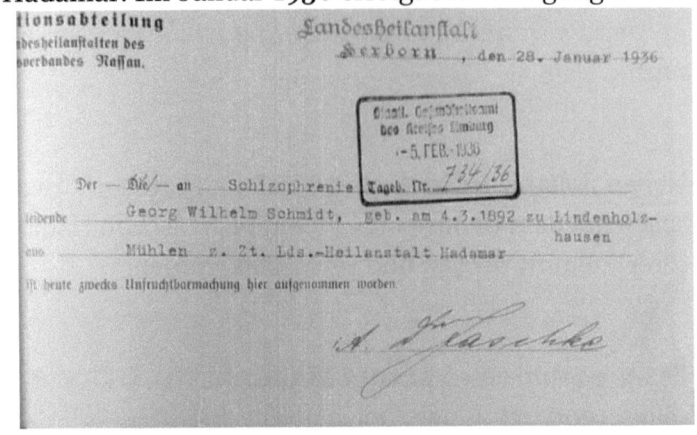

01.07.1941 wird er wieder nach Hadamar verlegt und am selben Tag ermordet. Auch von ihm existiert keine Akte in Hadamar, und ebenso kommt die Information aus einer Verlegungsliste, die im Hauptstaatsarchiv in Wiesbaden ist.[61]

---

[59] vgl. HHStAW 461/32061 Bd. 17. Das Foto von Margareta Dernbach stammt aus einer im HHStAW sich befindenden Patientenakte (HHStAW Bestand 2072/2 Nr. 3944). Es war wohl gängige Praxis, in der NS-Zeit in den Psychiatrien fotografische Aufnahmen der Patient*innen in den Krankenbetten zu machen. So gibt es z.B. auch von dem aus Lindenholzhausen stammenden Josef Fachinger (1899-1941) ein Foto in der Nervenklinik Frankfurt-Niederrad; in HHStAW 2072/2 Nr. 5553, Patientenakte 1941.
[60] vgl. zur Unfruchtbarmachung HHStAW Bestand 473/3 Nr. 872
[61] A.a.O. Foto und Dokument jeweils aus Patientenakten bei HHStAW.

JAKOB HEINRICH G. 1882-1943

von Anja Siehoff[62]

Jakob Heinrich G. wurde am 23. Juli 1882 in Lindenholzhausen geboren.[63] Er hatte noch drei Geschwister.

Jakob hat den Beruf des Schlossers gelernt und war in Frankfurt in einer Fabrik tätig. Er war verheiratet und hatte eine Tochter, die 1911 zur Welt kam. Sie hieß Maria.

Als Jakob das erste Mal in Frankfurt in eine damals sogenannte Heil- und Pflegeanstalt musste, war seine Ehefrau Wilhelmine als seine Pflegerin schon eingesetzt. Das war im Januar 1928. Als Grund wurde Taboparalyse angegeben[64]. In der Krankenakte ist auch zu lesen, dass er eine Invaliden- und eine Militärrente bezog. Er hat sich im 1. Weltkrieg eine Lungenerkrankung zugezogen und dafür die Rente erhalten.

In der Krankenakte sind ab der ersten Einlieferung in Frankfurt viele Briefe seiner Ehefrau und seiner Tochter abgeheftet. Sie fragen nach dem Befinden, stellen Besuchsanträge und schicken zu Weihnachten, Ostern, Pfingsten und Geburtstag Pakete. Angehörige haben ihn besucht und Wilhelmine erzählt, dass er ganz bei Sinnen sei und große Freude hatte. In einem der Briefe fragt seine Ehefrau, ob er nicht entlassen werden könnte. Die Anstaltsleitung rät davon ab, weil die Erregungszustände immer wieder kommen könnten.

Die Anzahl der Briefe pro Jahr, die in der Akte abgeheftet sind, nimmt mit zunehmender Dauer der Anstaltsunterbringung ab. Zeitweise ist Jakob in Herborn untergebracht und wird im Juli 1941 in die Landesheilanstalt Scheuern verlegt. Kurz danach versucht seine Ehefrau eine

---

[62] Auch die beiden vorhergehenden und die folgenden Texte sind von Anja Siehoff verfasst.
[63] Dieser Text beruht als Quelle auf LWV-Archiv Bestand 12 AN 3488.
[64] In der Medizin mit fortschreitender Paralyse (Lähmung) verbundene Rückenmarksschwindsucht.

Besuchserlaubnis zu erhalten. Diese gewährt man ihr nicht. Als Grund wird die Kriegssituation angegeben.

Am 15. Februar 1943 wird Jakob Heinrich G. nach Hadamar verlegt und stirbt nur vier Tage später angeblich an einem paralytischen Verfall. Tatsächlich wurde er in Hadamar ermordet.

Brief der Ehefrau von Jakob G. an die Landesheilanstalt Herborn

FRANZ T., geb. 16.11.1883 in Lindenholzhausen - zurückgestellt in Weilmünster:

Franz war von Beruf Spengler, kath. und verheiratet. Seine Frau starb schon 1919.

In der Krankenakte ist zu lesen, dass Franz Kriegsbeschädigter des ersten Weltkrieges sei.

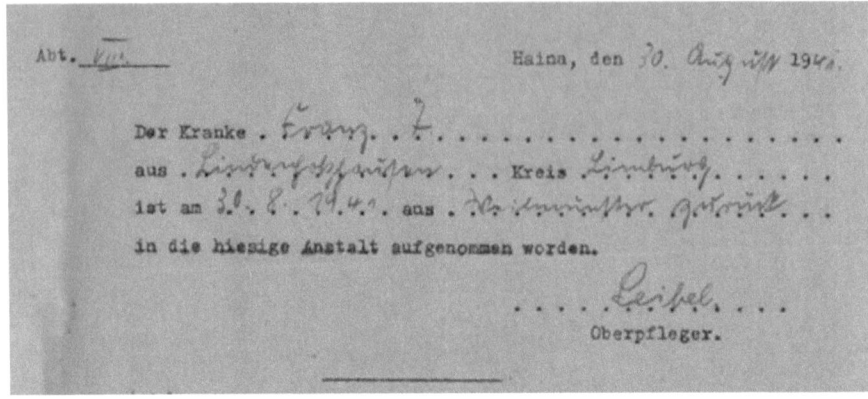

Im März 1920 wurde er zum ersten Mal in die Landesheil-und-Pflegeanstalt Hadamar aufgenommen. Über unterschiedliche Anstalten kam er am 20.09.1939 in die Anstalt Haina. Von dort wurde er am 17.06.1941 nach Weilmünster verlegt. Weilmünster war Zwischenanstalt für die Tötungsanstalt Hadamar. Der Eintrag in der Krankenakte lautete: „Seine Arbeitsfähigkeit ist sehr gering. Er bedarf dauernder Anleitung."

2o.1.1941	Er wird zu Gelegenheitsarbeiten herangezogen, ist aber nicht immer gleichmäßiger Stimmung, manchmal weigert er sich zu arbeiten und dann wieder macht er einen gutmütigen Eindruck und läßt sich leicht lenken.
17.6.1941	Leidet an schizophrener Seelenstörung die zu einem Verfall der Persönlichkeit geführt hat. Seine Arbeitsfähigkeit ist sehr gering, er bedarf ständiger Anleitung und Aufsicht. Wird nach Weilmünster verlegt.
	H.

Die Weiterverlegung nach Hadamar erfolgte nicht, weil er vermutlich zurückgestellt wurde. Dies geschah manchmal bei Kriegsteilnehmern aus dem ersten Weltkrieg. Was wir sicher sagen können, ist, er wurde am 30.08.1941 (die Gasmorde in Hadamar endeten am 24.08.1941) nach Haina zurückverlegt. Dort wurde er am 18.05.1944 vermutlich ermordet.

ZWANGSSTERILISATION IN HADAMAR - DIE GESCHICHTE EINER ÜBERLEBENDEN

Ab dem 01.01.1934 konnten Anstaltsleitungen und ärztliches Personal für Patientinnen und Patienten Anträge auf Zwangssterilisation stellen.

Hierzu gibt es eine weitere Geschichte, und zwar von HEDWIG B., die am 17.Juli 1911 in Lindenholzhausen geboren wurde.

Ihr Vater Adam war Steinhauer und ihre Mutter Elisabeth Hausfrau. Beide sind an Tuberkulose verstorben. Der Vater 1924 und die Mutter 1925. Hedwigs Schwester hieß Katharina.

Nach dem Tod der Eltern kam Hedwig nach Dehrn ins Schwesternhaus im Schloss Dehrn. Dort ging sie auch in die Volksschule.

Im Aufnahmebogen vom 02.04.1933 in die Landesheilanstalt Hadamar[65] ist Hedwig von Beruf Hausmädchen.

---

[65] LWV-Archiv Bestand 12 K0538.

Ihre Schwester Katharina R. schreibt am 19.04.1933 nach Hadamar und erkundigt sich, wie es Hedwig geht. Im Schreiben vom 12.05.1933 wird ihr Gesundheitszustand als stark erregt beschrieben und dass noch keine Besserung eingetreten ist.

Am 12.10.1933 wird die Diagnose Schizophrenie gestellt.

Dies führt dazu, dass der Anstaltsleiter am 21.06.1934 einen Antrag auf Zwangssterilisation stellt, dem mit Beschluss des Erbgesundheitsgerichtes Limburg vom 05.07.1934[66] stattgegeben wird.

Hedwig wird am 16.07.1934 nach Diez verlegt und dort zwangssterilisiert. Sie kommt am 01.08.1934 zurück nach Hadamar und wird dort am 04.08.1934 zu Ihrer Schwester Katharina nach Lindenholzhausen entlassen.

In der Akte findet sich weiterhin ein Schreiben, dass sie in den Jahren 1942-1945 auf dem Eichberg im Rheingau lebt.

Die nächsten beiden Schreiben in der Akte sind aus dem Jahr 1957. Hedwig ist wieder in Hadamar. Ihre Schwester kümmert sich um sie und bittet darum, dass sie keinen Besuch bekommt, um nicht zum Gespött zu werden. Im zweiten Schreiben teilt sie dem Anstaltsleiter Dr. Faschke mit, dass Hedwig arbeiten möchte.

Hedwig wird am 19.04.1957 wieder nach Hause entlassen. Sie starb am 09.03.1975.

---

[66] LWV-Archiv Bestand 12 K0538.

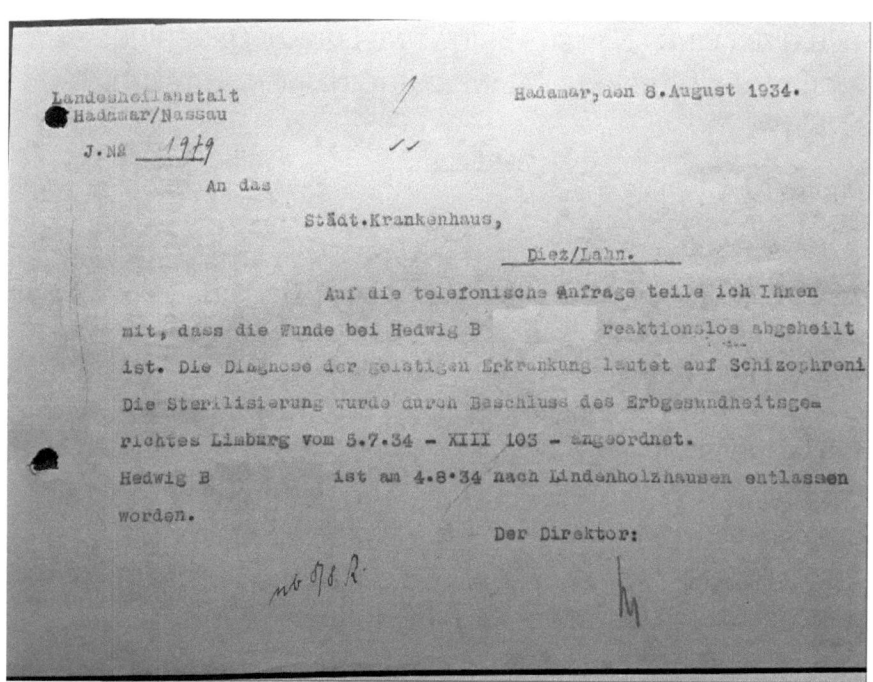

Bescheinigung der Landesheilanstalt Hadamar, dass Hedwig B. am
4.8.1934 nach Hause entlassen worden ist, mit Anordnung der Sterilisie-
rung.

SIE HATTEN EINEN NAMEN - BERTA UND LUDWIG ORNSTEIN. EIN JÜDISCHES EHEPAAR IN LINDENHOLZHAUSEN UND SEINE GESCHICHTE.

von Marc Fachinger

Wer „die Hohl" auf der rechten Seite hinauf ins Dorf geht oder von oben auf der linken Straßenseite hinunter Richtung Bahnhof, stolpert vielleicht über ihre Namen. Bahnhofstraße 7. Da stehen sie – auf zwei messingfarbenen „Stolpersteinen" - in das Straßenpflaster vor der Hofeinfahrt eingelassen:

HIER WOHNTE LUDWIG ORNSTEIN JG. 1891 DEPORTIERT 1944 ERMORDET IN AUSCHWITZ. HIER WOHNTE BERTA ORNSTEIN GEB STRAUSS JG. 1901 DEPORTIERT 1944 ERMORDET IN AUSCHWITZ.

Gelegt im Jahr 2015.

Seinerzeit lebte Richard Jung noch, der Ludwig Ornstein gut kannte. Warum, wird im Folgenden noch erzählt. „Backese Richard" sprach an jenem Tag der Stolpersteinverlegung ein paar Worte aus seinen Erinnerungen vor allem über Ludwig Ornstein. Leider sind sie schriftlich nicht erhalten. Und außer einigen Informationen auf der Webseite Stolpersteine-Guide[67], und dem, was Josef J.G. Jung im 1993 veröffentlichten Band „Lindenholzhausen. Beiträger zur Geschichte" vermerkte, war zunächst nichts bekannt vom jüdischen Dentisten Ornstein und seiner Frau.[68]

So begann die Suche nach diesen beiden Menschen und ihrer Lebensgeschichte bei diesen beiden Stolpersteinen. Dass am (vorläufigen)

---

[67] https://stolpersteine-guide.de/map/biografie/1234/familie-ornstein. (Zugriff am 1.9.2023) Dort stehen kurze, teils falsche, Informationen zu Geburtsort, Eltern und Flucht in die Slowakei.

[68] Eichhorn, Egon; Gensicke, Hellmuth; Jung, Josef J.G.; u.a. (1993): Lindenholzhausen. Beiträge zur Geschichte des Dorfes, Limburg-Lindenholzhausen, S.259 und S.453

Ende dieser Spurensuche nach Ludwig und Berta[69] Ornstein Informationen aus neun Ländern kommen würden, war nicht zu erwarten.[70]

Dabei rückte die Geschichte der Ornsteins für mich schon in den 1980er Jahren einen kurzen Augenblick in den Blickpunkt.

Als ich ungefähr 16 Jahre alt war, stieß ich auf den Roman „Exodus" von Leon Uris, der die Neugründung des Staates Israel 1948 erzählt. Ich habe das Buch verschlungen und gebannt die tragische Geschichte von Karen Hansen-Clement verfolgt, die eines Nachts Opfer palästinensischer Freischärler wird; von ihrem Freund Dov Landau, der Krankenschwester Kitty Freemont und natürlich der Hauptfigur, dem für den neuen Staat Israel kämpfenden Ari Ben Kanaan.

Damals wurde so etwas wie eine Beziehung zum Judentum bei mir geweckt. Diese unbeugsame Kraft, für eine Heimstatt zu kämpfen, wie sie in Uris' Roman zum Ausdruck kommt, hat mich nachhaltig beeindruckt.

Ich habe diesen Roman bei meiner Großmutter, unserer „Hohl-Oma"- die in der Bahnhofstraße 12, der Hohl, wohnte - im Regal entdeckt.

Meine „Hohl-Oma" wohnte mit meinem Opa Franz seit dem 3.Oktober 1948 eine Fußminute entfernt von dem Haus in der Bahnhofstraße 7, in dessen ersten Stock der jüdische Dentist Ludwig Ornstein von 1932 bis 1938 eine Zahn-Praxis gemietet hatte. Besitzer dieses Hauses war Jakob Stein, dessen Familie im Erd- und Obergeschoss mit den drei Töchtern Regina, Erna und Ria wohnte. In der Bahnhofstraße 56 wohnte Ludwig Ornstein ab 1933 mit seiner Frau Berta.

Meine Erinnerung will mir sagen, dass ich nach den Leseerfahrungen mit „Exodus" meine Oma nach Juden in Lindenholzhausen gefragt habe. Und sie hat mir auch geantwortet und von einer Familie erzählt.

---

[69] Ludwig Ornstein wird im Laufe seines Lebens auch Lajos (ungarisch) und Ludovit (slowakisch) genannt. Berta Ornstein wird zwar als Bertha geboren und so auch im Aufgebotsverzeichnis eingetragen. Sie selbst schrieb ihren Namen immer ohne „h".
[70] Deutschland, England, Frankreich, Israel, Polen, Slowakei, Tschechien, Ungarn, USA.

Ich habe mir nur eine vage Vorstellung von dieser jüdischen Familie gemacht und leider nie mehr genauer nachgefragt.

Bahnhofstraße 56. Hier wohnten Ludwig und Berta Ornstein zusammen im ersten Stock von 1933 bis 1938.

Meine andere Großmutter, die „Anner-Oma" oder Gretchen-Oma, wohnte in der Albanusstraße 1. Dieses Haus ist 1929 von meinem Großvater Josef Fachinger, der 1941 starb, ein frühes NSDAP-Mitglied und bei der SA, gebaut worden. Die Jahreszahl des Hausbaus steht bis heute über der Eingangstür. 50 Meter zu Fuß waren es, um von dort zur Praxis des Dentisten Ludwig Ornstein zu kommen. Sechs Jahre, von Mai 1932 bis November 1938 waren meine Großeltern direkte Nachbarn, einen Steinwurf weit entfernt. Die Kommunikationswege müssten da gewesen sein. Haben sie miteinander gesprochen? Oder war mein Großvater von SA und NSDAP ideologisch so durchdrungen, dass er mit einem Juden keinen Kontakt haben wollte?

Sicherlich haben sie Ludwig Ornstein viele Male gesehen, wenn er vom Bahnhof kommend, in dessen Nähe er ja wohnte, in seine Praxis morgens und mittags (nach der Mittagspause in der Wohnung in der Bahnhofstraße 56) ging. Und vielleicht ist dieser auch meinem Vater einmal begegnet, der im gleichen Schuljahrgang 1932 war, wie die jüngste Tochter der Steins, Ria, welche mein Vater als Kind „das Steinchen" genannt hat.

Ich stelle mir Ludwig Ornstein als aufmerksamen Beobachter des Dorfgeschehens vor, gerade weil er von außen kam.

Ein Dentist in Lindenholzhausen

Wann und wie hat Ludwig Ornstein mit Jakob Stein, seinem Praxis-Vermieter, Kontakt aufgenommen? Wie kam er ausgerechnet zu dieser Praxiswohnung? Wusste Ludwig Ornstein von dem überzeugten SPD-Mitglied Jakob Stein und seiner sozialdemokratisch geprägten Gesinnung?[71] War Ludwig Ornstein vielleicht auch SPD-Mitglied?[72] Mitglied einer Partei, die 1933 so tapfer ausgehalten hat im Reichstag gegen pöbelnde Nazis.

Mir ist schon länger klar, dass eine einzelne Biografie, ein einzelnes Leben, grundlegend verwoben ist in die Gesamtgeschichte eines Ortes, eines Landes, einer Welt. Und jedes Leben kann uns Ausdruck geben, was in dieser Welt geschieht, was gut und was böse ist und wo und wie wir uns zu positionieren haben. Jedes Leben, jeder Mensch stellt uns die Fragen, wie wir gut zusammenleben können in einer Gemeinschaft, die eben gute und böse Menschen umfasst, faule, unbequeme, glaubende, tapfere, lustlose, mutige, mitlaufende,

---

[71] Er war schon 1919 SPD-Kandidat für die allererste Kreistagswahl. Seine Gesinnung brachte ihm nach 1945 einen Sitz in der Spruchkammer zur Entnazifizierung.

[72] Eine entsprechende Anfrage bei SPD und Friedrich-Ebert-Stiftung vom Januar 2022 brachte keine Klärung: „Leider konnte ich in den uns verfügbaren Archivbeständen keinen Beleg für eine Mitgliedschaft von Ludwig Ornstein in der SPD finden. (...) Dass uns keine Informationen über eine Mitgliedschaft vorliegen heißt jedoch noch nicht, dass Ludwig Ornstein kein SPD-Mitglied war." (Julius Magewirth, Archiv der sozialen Demokratie)

aufbegehrende, hinterlistige, hoffende, berechnende, herausfordernde, provokative, gewalttätige, zornige, blöde, unberechenbare, solidarische, mitfühlende, widerständige, ungläubige, farblose, sehende, blinde, ... Menschen.

Hat mein Uropa, Georg Rompel, der seit 1913 Bürgermeister von Lindenholzhausen war, Ludwig Ornstein persönlich begrüßt, als dieser am 24.Mai 1932, einem Dienstag, nach Lindenholzhausen kam? Die An- und Abmelderegister von Lindenholzhausen hat mein Uropa selbst geführt, also müssen sie sich an jenem Dienstag begegnet sein. Ludwig Ornstein war der erste niedergelassene Dentist, den Lindenholzhausen gesehen hat. Und, so berichten es Zeitzeug*innen, das Dorf war froh, einen Dentisten[73] zu haben.

Im „Jahrbuch für Dentistik" von 1933/34 sind diese knappen Informationen zu finden[74]: in Lindenholzhausen - steht da auf Seite 138 - im Kreis Limburg wohnten 1.700 Einwohner, neben dem Dentisten Ludwig Ornstein in der Bahnhofstraße 7, gab es anscheinend noch einen Arzt. Direkt oberhalb des Eintrags zu Lindenholzhausen auf der gleichen Buchseite werden in Limburg (Lahn) drei Dentisten genannt, einer ist „Kneupper, Karl, Untere Schiede 27". Seit 1912 hatte der 1889 geborene Kneupper dort seine Praxis, er ist wohl der Vater des ab 1935 in Lindenholzhausen ansässigen Karl Kneupper jun., der 1908 geboren wurde. Dieser hatte in der Albanusstraße eine Dentisten-Praxis, die er nach 1938 in die Bahnhofstraße 7 verlegte.

Aber die Frage bleibt zunächst unbeantwortet: was hat Ludwig Ornstein nach Lindenholzhausen verschlagen? Wie Thorsten Halling, Bearbeiter des Forschungsprojekts „Zahnmedizin im Nationalsozialis-

---

[73] Ludwig Ornstein wurde in Lindenholzhausen als Zahnarzt gesehen, war jedoch von der Ausbildung her Dentist, also ein Zahnbehandler, der in der Regel nicht an einer Universität studierte. Die Ausbildung in Deutschland dauerte sechs Jahre, dazu gehörten drei praktische Jahre bei einem Dentisten.

[74] Jahrbuch für Dentistik. Verbunden mit dem Adressbuch der deutschen Dentisten. 1933/34. Julius Bach, Max Alte, Dentistischer Verlag G.m.b.H. Berlin 1933

mus" versichert, haben jüdische Zahnärzte und Dentisten eher selten in kleinen Gemeinden gewirkt.[75]

Wie gesagt könnte Jakob Stein Ludwig Ornstein vorher gekannt haben. Hat er auch die Familie Gerhard Jung-Diefenbach in der Bahnhofstraße 56 schon gekannt? Dort hat er mit seiner späteren Frau Berta im ersten Stock gewohnt. Wer hat ihm den Hinweis gegeben, dass dort eine Wohnung[76] frei ist?

Die Zeit vor Lindenholzhausen – Ludwig Ornstein

Beantwortbar zunächst in Teilen ist die Frage, wie das Leben der beiden vor der Zeit in Lindenholzhausen aussah.

Geboren wurde Ludwig Ornstein am 23. .Oktober 1891 als Lajos Orenstein in Rózsahegy (Ružomberok, Rosenberg), in der heutigen Slowakei.[77] Seine Eltern waren Joakim (Khaim) Heinrich (Henrich) Ornstein (Orenstein), geb. 15.1.1860 in Zvolen[78] und Matilda (Mate / Mathilde / Matel), Buxbaum, geb. 18.6.1864. in Liptovský Mikuláš[79]. Am 18. November 1888 heirateten sie auch dort.

Mit drei Sprachen wurde Ludwig groß: deutsch, slowakisch und ungarisch. Ein multikulturelles Zusammenleben war damals möglich im Königreich Österreich-Ungarn. Ludwig war der zweitälteste Sohn. Vor ihm, am 28.10.1889 wurde in Rosenberg sein Bruder Moricz geboren, der wahrscheinlich kurze Zeit später starb, um 1900 lebte er nicht mehr.

Kurz nach der Geburt von Lajos (Ludwig) verließ die Familie Rózsahegy. Wann genau ist nicht klar, jedoch wohin sie gingen: nach Rabka

---

[75] Thorsten Halling in einer Email vom 19.2.2021 an Verf.
[76] Ein Grundriss dieser Wohnung aus dem Jahr 1932 ist noch vorhanden. (vgl. Dokumente und Fotos)
[77] S. Geburtsregister im Anhang Dokumente
[78] Zvolen, in der heutigen Slowakei, liegt ca. 100 km südwestlich von Liptovský Mikuláš.
[79] Liptovský Mikuláš liegt ungefähr 30 km östlich von Rózsahegy in der Slowakei.

in Galizien[80]. Dort wurde am 14. August 1893 der zweite Bruder von Ludwig, Jakob, geboren.

Vermutlich brachte es der Beruf des Vaters mit sich – er war Schreiber, auch Konzipient genannt -, dass die Familie oft umzog.

Ružomberok, Rózsahegy, Rosenberg um das Jahr 1890, die Geburtsstadt von Ludwig Ornstein.

1897 wohnte die Familie Ornstein dann in Mährisch-Ostrau[81], wo Bernhard Ornstein im Oktober 1897 geboren wurde.

[80] Rabka liegt ca.90 km nordöstlich von Rózsahegy und Liptovský Mikuláš, 150 km östlich von Mährisch-Ostrau, was genau wie alle anderen Ortschaften zum damaligen Österreich-Ungarn gehörte.
[81] Vgl. Anmerkung 10.

Am 27.7.1899 wurde Simon Ornstein auch dort geboren. Dieser hat nach dem II.Weltkrieg ein Entschädigungsverfahren beantragt als Bruder von Ludwig Ornstein[82].

Ludwig Ornstein besuchte zwischen den Jahren 1897 und 1901 die jüdische Schule in Mährisch Ostrau. Als 1900 eine Volkszählung durchgeführt wurde gab Heinrich Ornstein die Schmidgasse 11 als Adresse an, wohnend im Parterre in einem Zimmer (!) und neben den vier Söhnen Ludwig, Jakob, Bernhard und Simon lebte mit der 16-jährigen Josefa Nowakowsky auch ein Dienstmädchen mit. Wahrscheinlich war Mutter Mathilde zu der Zeit schon schwanger. 1900 wurde die erste Tochter - Johanna Chana – geboren, und ein Jahr später Miriam Irma.

1903 verliert sich ein wenig die Spur von Ludwig Ornstein. Eine Suchmeldung in der Ostrauer Zeitung vom 21.12.1903 nach Heinrich Ornstein lässt verschiedene Spekulationen zu:

„Es wird um geflissentliche Bekanntgabe der jetzigen genauen Wohnungs-Adresse des in Mähr.-Ostrau wohnhaft gewesenen Buchhalters Herrn Heinrich Ornstein gebeten, gegen Erstattung der Auslagen bis zum Betrage von K 4- sub „O.R. 40074" an M. Dukes Nachf. in Wien I."[83]

Jedenfalls scheint die Familie 1903 Mährisch-Ostrau in unbekannte Richtung verlassen zu haben.

Vermutlich kämpfte Ludwig Ornstein im I. Weltkrieg 23jährig als Soldat, ob als Frontsoldat bleibt unklar. Im österreichisch-ungarischen Heer sind zwei Ludwig (Lajos) Ornsteins ausdrücklich erwähnt, weil

---

[82] Simon Ornstein studierte vom Sommersemester 1920 an bis zum 29.Juni 1935 in Budapest, Würzburg und Prag, wo er zum Abschluss in Medizin promovierte. Er war Mitte der 1950er Jahre mindestens einmal in Lindenholzhausen. Er starb vereinsamt als Witwer. Am 27.Juli 1974, seinem 75. Geburtstag, wurde er tot in München aufgefunden. Dort war er spätestens 1958 als Arzt für Innere Medizin tätig.
[83] Bei M.Dukes Nachf. handelt es sich um eine sogenannte „Annoncen-Expedition". Diese vermittelte damals zwischen Zeitungen und Werbetreibenden die Schaltung von Annoncen, waren also eine Art Werbeagentur. Vgl. Annoncen-Expedition M.Dukes Nachf.A.G. Wien, Zeitungs-Katalog 1928, Wien Selbstverlag, und https://de.wikipedia.org/wiki/Annoncen-Expedition (Zugriff: 1.9.2023)

sie beide Tapferkeitsauszeichnungen bekamen. Der eine ist 1896 geboren, der zweite 1891, beide sind Mediziner. Letzterer ist jedoch im ungarischen Hajdúböszörmény geboren, ca. 500 km südöstlich von Mährisch-Ostrau.

Nach Vermutungen der slowakischen Historikerin Ružena Kormošová könnte Ludwig Ornstein vor dem ersten Weltkrieg in Budapest seine Ausbildung zum Dentisten gemacht haben. Vielleicht hat er nach dem I.Weltkrieg seine Ausbildung in Prag zu Ende geführt, wie es die meisten „Slowaken" taten.[84]

Eine weitere Station auf seinem Weg nach Lindenholzhausen muss Leipzig gewesen sein. Ein Gedenkblatt in der Opferdatenbank von Yad Vashem legt dies nahe.[85] 1924 war ein Student namens Ludwig Ornstein dort gemeldet. Er wird allerdings nicht in den Matrikeln der Universität Leipzig genannt, sondern nur in der jüdischen Gemeinde Leipzig. Hat er dort seine Dentistenausbildung abgeschlossen? Lebte dort womöglich auch von 1927 bis 1940 hinaus ein Teil seiner Familie? In diesen Jahren ist ein Heinrich Ornstein, Kaufmann für Herrenmoden, Ranftsche Gasse 11 im Leipziger Adressbuch zu finden. Ist es vielleicht der Vater von Ludwig Ornstein, der sich als Konzipient selbständig gemacht hat? Von 1932 bis 1933 ist zusätzlich ein Dr.med. Simon Ornstein als Assistenzarzt in der Leipziger Liebigstr. 20 wohnhaft.[86] Das muss der Bruder sein. Oder war Ludwig Ornstein in den Jahren bevor er 1932 nach Lindenholzhausen ging in der Slowakei als Dentist tätig?[87] Vielleicht schon einmal in Spisska Nova Ves, wohin er nach 1938 mit seiner Frau ging? Eine Bemerkung seiner Schwägerin

---

84 Auch diese Einschätzung stammt von Ružena Kormošová, Spisska Nova Ves.
85 Vgl. https://bit.ly/3Ko5jLT (Zugriff: 1.9.2023). Dieses Gedenkblatt zu einem „Ludvig Ornstein", geb. 28.10.1891 in Mährisch-Ostrau, Sohn der Eltern Khaim und Mate, ist von einer Khana Griner 1955 eingereicht worden. 1962 wird eine Chana Grüner, geb. Ornstein aus Jerusalem mit drei Brüdern als Schwester von Ludwig Ornstein genannt im Verfahren der Entschädigungssache nach Ludwig Ornstein.
86 Vgl. zu den Adressbüchern https://lgg-leipzig.de/wp-content/uploads/2020/04/leipziger-adressbuecher-ab-1800-1949.pdf
87 Für ihn galt noch nicht, dass ein im Ausland approbierter Zahnheilkundiger am 1.1.1933 mindestens 8 Jahre im Deutschen Reich niedergelassen sein musste. Ulrich Schröder (1991), Schicksale jüdischer Zahnärzte und Dentisten ... nach 1933, S.16

Auguste Leiter, geb. Strauß, dass er 1938 nach Spisska Nova Ves zurückgekehrt sei, und seine Frau, bzw. ihre Schwester später nachgefolgt sei, legt dies nahe.[88]

Die Zeit vor Lindenholzhausen - Berta Ornstein

Bertha Ornstein, geb. Strauß, hat bis zu ihrer Heirat mit Ludwig und dem Umzug nach Lindenholzhausen im Jahr 1933 in Miehlen bei Nastätten gelebt. Dort wurde sie am 10. Januar 1901 geboren. Ihre Eltern waren der Metzger Jakob Strauss, geb. 29.7.1867 und seine Ehefrau Gertrud „Trautche" Strauss, geb. Nathan am 24.10.1867.[89]

Fünf Schwestern hatte Bertha: Ottilie, Auguste, Martha, Antonie und Klara.[90] Bertha hatte bis zum Kennenlernen von Ludwig ein sesshaftes Leben in Miehlen. Dort ging sie zur Schule. Sie wird jeden Samstag in die Miehlener Synagoge gegangen sein. Ihr Vater war um 1925 Vorsteher der jüdischen Gemeinde. Er betrieb Viehhandel und eine sehr gut gehende koschere Metzgerei in Miehlen[91], wenige Schritte vom Miehlener Rathaus und Standesamt entfernt. Die große Familie wird eine zentrale Rolle im Leben von Bertha gespielt haben. 1921 feiern ihre Eltern Silberhochzeit in Miehlen.[92]

Wann es zu ersten Kontakten von Ludwig Ornstein zur Familie Strauß kam, bleibt unklar. Vielleicht hat Berta Strauss als Dienstmädchen irgendwo gearbeitet? Schwester und Schwager von Berta lebten in Frankfurt, vermutlich auch weitere Verwandte[93]. Ludwig Ornstein hat

---

[88] Vgl. Entschädigungsakte nach Jakob Strauß im HHStAW hhstaw_518_81364.
[89] Trautche Strauß starb am 27 August 1943 (nicht 1944 wie 1945 noch vermutet wurde) in Terezín/ Theresienstadt. Jakob Strauß starb am 22 Dezember 1938 in Frankfurt vermutlich an den Verletzungen aus der „Reichskristallnacht" in Miehlen.
[90] Die beiden letztgenannten kamen ebenfalls in der Shoah ums Leben.
[91] Vgl. Entschädigungsakte nach Jakob Strauß im HHStAW.
[92] Siehe Familienfoto unten.
[93] So auch von der Seite der Mutter Ludwigs, Amalia Ornstein, geb. Buxbaum.

sich wahrscheinlich einige Zeit im Mai 1932 in Frankfurt aufgehalten.[94]

Von dort kam er jedenfalls – vermutlich mit einem Umzugswagen - am 24.5.1932 nach Lindenholzhausen.

Silberhochzeit der Eltern von Berta Ornstein, geb. Strauß 1921 in Miehlen. Stehend hinten von links die Töchter Antonie Henriette, Klara, Ottilie, NN. (vielleicht ein Onkel), Bertha, Martha, Gustel.

Die Ehe könnte allerdings auch durch einen Heiratsvermittler in die Wege geleitet worden sein, was in jüdischen Kreisen nicht unüblich war.[95]

Am 4. November 1933 heiratet Berta Strauß Ludwig Ornstein im Miehlener Standesamt. Ihre Cousins Julius Strauß und Sally Strauß

---

[94] Eine Nachfrage bei der jüdischen Gemeinde Frankfurt und im Stadtarchiv Frankfurt gab keine Aufschlüsse.
[95] Danke für diese Information an Markus Streb.

waren die Trauzeugen der beiden. Julius Strauß, 1903 in Miehlen geboren, wurde im November 1941 in Kaunas/Litauen, im IX. Fort erschossen. Während der deutschen Besatzungszeit wurden dort über 18.500 jüdische Menschen aus ganz Europa ermordet.

Die Metzgerei Jakob Strauß in Miehlen um 1930. Rechts könnte Berta stehen.

Der am 7.7.1897 in Bad Schwalbach geborene Cousin von Berta, Sally Strauß wurde mit seiner Frau Irma, geb. Fleischmann und der 1934 geborenen Tochter Inge nach Minsk deportiert und umgebracht. Nur ihr ältester 1927 geborener Sohn Erich Eliohou Strauß überlebte die furchtbaren Jahre 1933-1945. Ihm gelang die Flucht in die USA, dort starb er am 11.4.2005 in Park Ridge im Bundesstaat New Jersey.

Eine jüdische religiöse Zeremonie wird es in der Miehlener Synagoge an jenem Samstag, 4. November 1933, nicht gegeben haben, denn am Sabbat, dem Tag der Ruhe in der jüdischen Religion, war eine Hochzeit nicht erlaubt. Vermutlich hat diese am darauffolgenden Sonntag, dem ersten Tag der Woche im jüdischen Kalender, stattgefunden.

Die Miehlener Synagoge, an der Hauptstraße gelegen, in den 1920er Jahren.

Lindenholzhausen 1933

Seit dem 11. November 1933 wohnte Berta Ornstein, geb. Strauss nun mit ihrem Mann in der Wohnung in der Bahnhofstraße 56 im 1. Stock. Die Familie Jung-Diefenbach war gut befreundet mit den Ornsteins, ebenso die Nachbarn Familie Löw. Hier las Berta Ornstein öfter dem Nachbarmädchen[96] vor. Später zogen nach deren berufsbedingten Wegzug ausgewiesene Nationalsozialisten in die Nachbarhäuser, welche so manchen Bericht dem Bürgermeister und Ortsgruppenleiter Wicker erstattet haben dürften.

Die Dentisten-Praxis von Ludwig Ornstein befand sich im ersten Stock der Bahnhofstraße 7. Hier war der schon erwähnte Jakob Stein (1899-1967) der Vermieter. Er lebte mit seiner Frau Katharina und den drei Töchtern im Erd- und Obergeschoss. Mit der Familie Stein verstanden sich Ornsteins gut. Die Töchter waren auch mit dem Neffen von Berta Ornstein, Fritz Strauss, bekannt, der im Sommer seine

---

[96] Das war Ilse Löw.

Lieblingstante[97] und Onkel in Lindenholzhausen besuchte. Erna Kneupper erinnert sich noch an seine dunklen Haare und daran, wie sie gemeinsam auf den Stoppelfeldern mit den Ornsteins und „Fritzchen" unterwegs war.

Es müssen schöne Wochen für diesen Jungen gewesen sein, der seine ganz eigene Lebensgeschichte hat. 1936 geht er aufgrund zunehmender Hetze an der Miehlener Schule nach Frankfurt in ein Waisenhaus. In den Sommern 1936-1938 wird er von dort mit dem Zug nach Lindenholzhausen gekommen sein. 1939 schafft er es über einen Kindertransport von Frankfurt nach Frankreich, um dann später weiter über Spanien und Portugal am 23.Juni 1941 mit dem Schiff „Mouzinho" in New York anzukommen, welches am 10.Juni in Lissabon abgelegt hatte. Dort wartet schon seine Mutter Martha – die um ein Jahr jüngere Schwester von Berta – am Hafen auf ihn. Sie stirbt zwei Jahre später in New York.

 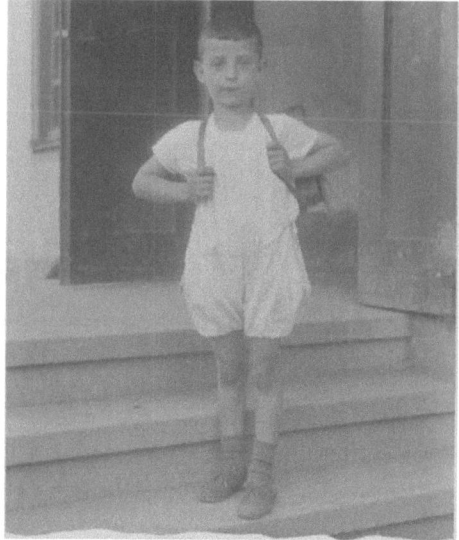

Fritz Strauß, der von 1934 – 1938 seine Sommerferien bei Ornsteins in Lindenholzhausen verbrachte.

---

[97] So Sigrid Jean Ansbacher Strauss, die gegenüber Fred Wasserman von USHMM in einer Email sagte: „Berta was Fred's favorite aunt".

1933 wurde fast allen jüdischen Zahnärzt*innen und Dentist*innen in Deutschland die Kassenzulassung entzogen, und damit die Lebensgrundlage. Ludwig Ornstein und seine Dentisten-Praxis hat das nicht betroffen. Als Grund dafür kommen nur zwei Dinge in Frage: Frontkämpfer im I.Weltkrieg oder Erhalt der Zulassung vor dem I. Weltkrieg. Die Streichung seines Namens aus dem Register der Kassendentisten erfolgte am 1. Oktober 1938.[98]

Die Jahre bis 1938

In den Jahren 1932-1938 bot Ludwig Ornstein für die Bewohner der „Hohl" einen gewohnten Anblick. Jeden Morgen ging er die Bahnhofstraße hinauf, am Mittag wieder herunter zum Mittagessen, und zum Nachmittag ging er wieder hinauf und Abend dann wieder nach Hause. Leicht untersetzt muss er gewesen sein, so berichtet es z. B. Josef Sesterhenn, der sich noch gut daran erinnern kann, wie „der Ornstein" die Bahnhofstraße hinaufging. Er war etwas kleiner als seine Frau Berta, ein hübscher feiner Mann, immer gut gekleidet mit Anzug und Krawatte, gescheiteltes aber dünnes Haar, eine randlose Brille auf der Nase. Von seiner Frau Berta existiert ein Foto aus dem Jahr 1921, das sie sehr groß, hübsch und mit dunklen Haaren zeigt.

Wie schon erwähnt betrieb Ludwig Ornstein die erste Dentisten-Praxis in Lindenholzhausen und seine Einwohner haben sich damals gefreut, wie es Zeitzeug*innen berichten. Und Ludwig Ornstein muss ein Meister seines Fachs gewesen sein. Aussagen wie „Es gibt keinen besseren Zahnarzt (Dentisten)." waren keine Seltenheit.

Einige Zeitzeug*innen berichten davon, wie sie als Kind „vom Ornstein" behandelt wurden. Bürgermeister Wicker denunziert ab 1934 immer wieder in Berichten Lindenholzhäuser, die sich von dem

---

[98] Schreiben der Abrechnungsstelle Zahnärzte vom 20.2.1959 (vgl. Entschädigungsakte nach Ludwig Ornstein im HHStAW).

Dentisten Ornstein behandeln lassen.[99] Ludwig Ornstein hat auch unentgeltlich Zähne wieder gerichtet.

Freundschaften und Kontakte gab es in Lindenholzhausen zu verschiedenen Familien, neben Familie Jung-Diefenbach, Stein und Löw. Der 1935 zehnjährige Richard Jung wurde von Ludwig Ornstein bei dessen Schmetterlingssammlung unterstützt. Da das Betäuben von Schmetterlingen mit Chloroform dem Erhalt der Farben dient, war Ludwig Ornstein der ideale Partner für Richard Jung. Sie müssen öfter abends in der Dentisten-Praxis gewerkelt haben. Auch die Eltern Jung waren mit Ornsteins bekannt.

Doch zunehmend taten auch die „Braunen" im Dorf ihre antisemitische Meinung kund und machten Stimmung gegen Ludwig Ornstein.

Mit dem Jahr 1938 durfte Ludwig Ornstein keine „deutschblütigen" Patienten mehr behandeln.[100] Im Frühjahr 1938 wird Ludwig Ornstein in Schutzhaft genommen.[101] Zwei Männer in schwarzen Mänteln – also von der Gestapo - nahmen Ludwig Ornstein in einem Auto mit. Vermutlich wurde Ludwig Ornstein in das Gefängnis „Hammelsgasse 6-10" in Frankfurt gebracht.[102] Ausgelegt auf 280 Gefangene lag die

---

[99] U.a. Lokführer Otto Stephan, vgl. Akte HHStA 520_bw_nr_3029, S.117
[100] So Enno Schwanke in einer Email vom 29.6.2023 an mich.
[101] Vgl. Josef J.G. Jung, Bevölkerungspolitische und wirtschaftsgeschichtliche Streiflichter aus dem 19. Und 20. Jahrhundert, in: Beiträge zur Geschichte. Lindenholzhausen 1993, S. 259. Mir gegenüber sagte Josef Jung, dass Egon Eichhorn die Zeit der Schutzhaft erwähnt hätte. Auch die Tochter von Jakob Stein, „Camping Ria" hat Josef Jung gegenüber erzählt, dass sie von der Schule kommend, zwei Männer in schwarzen Mänteln gesehen hätte, die Ludwig Ornstein in einem Auto mitgenommen hätten. Sie habe sehr geweint. Ria Stein ist am 18.3.1932 geboren. Sie meinte, die Verhaftung sei im Frühjahr 1938 gewesen. So könnte sie zum einen von der Kinderschule gekommen sein, die sich wie der Kindergarten im alten Schwesternhaus befand. Dann wäre das vor Ostern 1938 gewesen. Oder sie kam als Erstklässlerin nach Hause. Da begann das Schuljahr (bis 1948) nach Ostern (1938 war die Schulaufnahme in Lindenholzhausen am 21. April). Nachforschungen in Archiven und nach Listen von „Schutzhäftlingen" geben keine weiteren Hinweise, aber viele diesbezügliche Dokumente wurden auch 1945 zerstört. In Lindenholzhausen wurden noch 1970/1972 Akten und Protokolle aus den Jahren 1933-1945 vernichtet, als die Eingemeindung zu Limburg dazu bestimmten Personen im Bürgermeisteramt Gelegenheit bot.
[102] Auch diese Auskunft stammt von Egon Eichhorn. Frankfurt ist auch deshalb realistisch, weil Ludwig Ornstein und seine Frau in der Folge von der Gestapo Frankfurt

Zahl der Inhaftierten dort zwischen 1935 und 1938 bei 440 Gefangenen.

Was so harmlos und fürsorglich klingt, „Schutzhaft", war in der „Verordnung zum Schutz von Volk und Staat" vom 28. Februar 1933 als gesetzlicher Grundlage dafür da, Gegner des NS-Regimes ohne richterliche Kontrolle und Verurteilung zu verhaften und auf unbestimmte Zeit zu inhaftieren. Gegen die Inhaftierung konnte man sich nicht wehren, wie es normalerweise über den Weg der Haftprüfung üblich ist. Was Ludwig Ornstein dort widerfahren ist, weiß keiner. Doch waren Misshandlungen in jeder Form gang und gäbe. Viele „Schutzhäftlinge" starben an deren Folgen.

Die Nummer 40 des antisemitischen Hetzblattes „Der Stürmer" des Jahres 1938 verzeichnet unter „Kleine Nachrichten. Was das Volk nicht verstehen kann" eine bemerkenswerte Notiz: „Die Volksgenossen Jakob Otto, Ww. Arthen und Richard Kraus aus Lindenholz-hausen (Lahn) unterhalten freundschaftliche Beziehungen zu dem jüdischen Dentisten Ornstein von Lindenholzhausen." Unter dieser Rubrik steht in großen Buchstaben „Die Juden sind euer Verderben".[103]

Bemerkenswert sind hier drei Dinge:

zum einen Integrität, Mut und Menschlichkeit der drei genannten Lindenholzhäuser.

Des Weiteren, dass die drei in diesem Hetzblatt des Nürnberger Nationalsozialisten Julius Stürmer aus einem kleinen Winkel des „Dritten Reichs" genannt werden.

Und natürlich stellt sich die Frage, wer aus Lindenholzhausen diese drei denunziert hatte. Hier kommen verschiedene in Frage, von denen wir heute durch die öffentlich zugänglichen Spruchkammerverfahren

---

beobachtet wurden. Das Gestapogefängnis lag ca. 200 m nördlich von der Konstablerwache, wo heute Staatsanwaltschaft, Amts- und Landesgericht mit Gerichtsgebäuden platziert sind. „Die Würde des Menschen ist unantastbar" steht dort am Gebäude der Staatsanwaltschaft.

[103] Danke an Markus Streb für den Fund und die digitale Weitergabe dieser Ausgabe.

wissen, wie sie zu Ludwig Ornstein standen. Doch um diese Fanatiker und überzeugten Nazis, die es dann nach dem Krieg nicht mehr gewesen sein wollten, soll es hier nicht gehen.

Die zweitgenannte Witwe Margarethe Arthen (1876-1970) wohnte fünf Häuser unterhalb der Praxis von Ludwig Ornstein, und war öfter dort zu Besuch. Jakob Otto (geb.24.12.1872) aus der Sackstraße und immer mal im Gespräch mit Ludwig Ornstein kam am 25. November 1944 beim Bombenangriff in Lindenholzhausen ums Leben. Richard Kraus (1912-1965) drittgenannter hatte als Schreiner 3 Finger verloren und wurde so nicht zur Wehrmacht eingezogen.

Ein weiterer Lindenholzhäuser hatte schon ein Jahr vorher, 1937, den Mut, dieses Hetzblatt „Der Stürmer" nicht in seiner Rasierstube in der Stiegelstraße oberhalb der Kreuzgasse aufzuhängen, wie es von ihm verlangt war.[104] Der Friseur Josef Fachinger war der festen Überzeugung, dass der Jude Ludwig Ornstein nicht Verderben war, sondern mit seiner Frau Berta, wie jeder andere Lindenholzhäuser damals auch, ein Mensch. Er ließ sich von ihm weiter die Zähne behandeln, wie der Ortsgruppenleiter Wicker in einem Bericht vom 1.12.1937 an die Kreisbehörde kritisch anmerkt.[105] Auch ein Besuch von Wicker bei Josef Fachinger zuhause konnte ihn in seiner Geradlinigkeit nicht beeinflussen. Das brachte ihm dann ein, dass er mit zwei anderen Lindenholzhäuser als erster über Nacht zur Wehrmacht für den II. Weltkrieg eingezogen wurde.[106]

Vier Monate vor dem Erscheinen des besagten „Stürmer" sitzt Ludwig Ornstein am Schreibtisch seiner Dentistenpraxis in der Bahnhofstraße 7. Es ist Mittwochabend und es war ein trüber kühler Tag. Er schaut aus dem Fenster auf die Schreinerei Jung-König. Dann taucht er die Feder ins Tintenfass und schreibt: Lindenholzhausen, 15.6.38

---

[104] Vgl. Spruchkammerakte Wicker, HHStA, vgl. auch Art. „Die Martinikirmes 1937".
[105] Auch im Spruchkammerverfahren gegen Oskar Wicker hält der Zeuge Otto Stephan, geb. 10.12.1878 in Dortmund, fest, dass er mit Wicker eine Auseinandersetzung gehabt habe, weil er sich vom Dentisten Ludwig Ornstein die Zähne behandeln ließ.
[106] So seine Tochter Margareta Jung-König, geb. Fachinger (+), am 11.8.2021.

... an das Landesfinanzamt Abtg. Devisenstelle und Zollfahndungsstelle in Kassel betreffend einer „Auskunft über Umzugsgut".

Ludwig Ornstein hatte eine Entscheidung getroffen, die sicherlich durch die Schutzhaft beschleunigt wurde, vielleicht wurde ihm auch von der Gestapo gedroht. Dieser Brief liest sich erschütternd, wenn man sich die Umstände vorstellt, unter denen Ludwig Ornstein ihn in seiner feinen, klaren Schrift und in einem höflichen, fast ehrerbietigen Ton schreibt:

„Wollen Sie bitte die Freundlichkeit haben, mir mitzuteilen ob Umzugsgut zollfrei ausgeführt werden kann. Möchte meinen Aufenthaltort wechseln, in ein benachbartes Land übersiedeln und meine Praxis-Einrichtung und Wohnungs-Einrichtung mitnehmen; kann dieses Eigentum als zollfreies Umzugsgut ausgeführt werden. Meinen besten Dank. Hochachtungsvoll. Ludwig Ornstein"[107]

---

[107] S. Faksimilé unter Dokumente.

Aufrechte und menschliche Lindenholzhäuser(in) in Beziehung zu den Ornsteins. Josef Fachinger (vorherige Seite links), Jakob Otto (daneben rechts), und Margarethe Arthen.

Die Zweigstelle Frankfurt übernimmt das weitere Verfahren. In einem Brief an diese vom 7.7.38 datiert lautet der Betreff nun „Umzugsgut von Ausländer". Er schreibt: „Da ich Ausländer bin (Tschecho.-Slow., früher Ungarn) möchte ich wissen, ob mein Praxisinventar – Wohnungseinrichtung ins Ausland überführt werden kann – zollfrei: Behördliche Unterlagen kann ich erst vorlegen, wenn ich weiß, wie das Umzugsgut gehandhabt wird, um diesbezüglich disponieren zu können Zu den Punkten erkläre ich: 1. Beim Finanzamt keine Schuld - 2. Beim Rechneramt keine Schuld - 3. Vermögen kein - 4. Schulden keine - 5. Liste I. vor dem 1.1.33[108] Praxisinventar usw. einfach – Liste II. nach dem 1.1.33 Schlafzimmer Wohnzimmer Küche einfach – Liste III. gar keine - 6. siehe oben - 7. unbestimmt.

Hochachtungsvoll Ludwig Ornstein
Dentist Lindenholzhausen"

Angefügt sind dem Schreiben die beiden Listen mit zwei Seiten zum Praxisinventar und drei Seiten zu seinem privaten Eigentum: zur Schlafzimmer-Einrichtung, zur Küche und Fremdenzimmer und zur

---

[108] Das Datum, bzw. das Alter der Gegenstände musste angegeben werden. Für die Devisenstelle galt alles, was seit 1933 angeschafft wurde als „neuwertig". Diese Sachen durften nur gegen eine hohe Zahlung mitgenommen werden. Vgl. https://de.wikipedia.org/wiki/Devisenstelle#cite_note-16 (3.7.2023)

Wohnungseinrichtung insgesamt. Beim Lesen dieser Aufzeichnungen entsteht ein Bild, wie Berta und Ludwig Ornstein im ersten Stock des Hauses der Familie Jung-Diefenbach in der Bahnhofstraße 56 gelebt haben.

Der existierende Plan des Hauses von Adam Jung-Diefenbach hilft hier noch ein wenig in der Vorstellung.[109] Die Küche ca. 7 qm groß, das Schlafzimmer knapp 13 qm, das Wohnzimmer rund 15 qm und das Fremdenzimmer 8qm. Ich stelle mir die Gegenstände, die Ludwig Ornstein aufschreibt, in diesen Räumen vor: den Herd, die Waage, die Nähmaschine in der Küche, die zwei Betten, den Kleiderschrank, den Waschtisch mit Spiegel und Kommode, zwei Nachtkästchen, zwei Stühle im Schlafzimmer, im Fremdenzimmer ein Eisenbett, Waschtisch, Schrank, Stuhl und ein Nachtkästchen, im Wohnzimmer ein Büffel-Kredenz-Ausziehtisch, 4 Stühle, ein Ofen, eine Chaiselonge.

Am Ende der Aufzeichnungen von Ludwig Ornstein dann eine Überraschung: „Thorarolle (Gesetzesrolle der 5 Bücher Moses) in Obhut übernommen, in gebrauchtem Zustand zu übergeben einer armen Gemeinde für den Gottesdienst. Wird vom Landesverband, Landesdienststelle Bad Ems, Dr. Laupheimer Bezirksrabbiner, an Auswandernde zur Mitnahme bereitgestellt und vor der Auswanderung ausgehändigt."[110] Wie es wohl dazu kam, dass Ludwig Ornstein die Thorarolle in seine Obhut übernahm? Und in welche Hände kam sie?

---

[109] Vgl. Dokumente zum Leben von Berta und Ludwig Ornstein.
[110] Dr. Friedrich Laupheimer war von 1932 bis 1939 Bezirksrabbiner in Bad Ems. Dr. Laupheimer wurde bei dem Novemberpogrom 1938 unter Schlägen auf die Straße getrieben und misshandelt und 1939 in das KZ Dachau eingewiesen. Er unterschrieb für sich und seine Familie eine Ausreise-Einwilligung nach Palästina. Von 1940 bis 1961 war Laupheimer Leiter des Allgemeinen Altersheims in Jerusalem, wo er 1965 starb. Laupheimer kam 1932 aus Breslau, wo er am Rabbiner-Seminar studiert hatte, nach Bad Ems.
Wie die Verbindungen zu Ludwig Ornstein entstanden, lässt sich nur spekulieren. Miehlen, der Geburtsort von Berta Ornstein war dem Rabbinatsbezirk Bad Ems zugeteilt. Am 14. Januar 1933 ist Laupheimer in Miehlen/Nastätten zu einem Vortrag anlässlich der Gründung einer jüdischen Jugendgruppe zur Pflege jüdischen Wissens. Über diese Schiene könnten Kontakte zu Dr. Laupheimer entstanden sein. Vielleicht hat er die beiden auch im November 1933 getraut.

Abmeldung in Lindenholzhausen – Neubeginn in Spisska Nova Ves

Am 3.9.1938 meldete sich Ludwig Ornstein in Lindenholzhausen ab. So steht es handschriftlich im „Abmelderegister der Ortspolizeibehörde in Lindenholzhausen": Staatsangehörigkeit „Tschechoslowakisch" und Religion „Jude" sind ihm zugeschrieben. Der neue Wohnort in der Tschechoslowakei ist auch angegeben: Spisska Nova Ves. In einem späteren Brief schreibt er selbst, dass er am 7.9. ausgewandert sei.

Berta Ornstein bleibt zunächst in Lindenholzhausen. Vermutlich wird Ludwig Ornstein von der Gestapo verschiedenes angedroht worden sein. Und die Gestapo Frankfurt hatte ihn und seine Frau unter Beobachtung, wie zwei Vermerke vom 1.10.1938 zeigen. „O. erhält vermutlich von seiner Frau Berta O. wohnh. in Lindenholzhausen deutschfeindliche Nachrichten."[111] Vermutlich hatte Berta Ornstein bei ihrem Bleiben in Lindenholzhausen auch ihre in Miehlen wohnenden Eltern im Blick.

Ludwig Ornstein hatte wahrscheinlich, wie erwähnt, schon vor 1932 Kontakte nach Spisska Nova Ves. Der vor 1938 verstorbene Ehemann der Witwe Ida Gellertova (geb. Grasgrün * 7. Juli 1878), - Heinrich Henrik Chaim Gellert (geb. 18.9.1876, Schloss Nedecz) - hatte als Dentist in Spisska Nova Ves eine Zahntechnik-Praxis, die nach seinem Tod von seiner Frau Ida weitergeführt wurde. Vielleicht hat Ludwig Ornstein hier seine dreijährige praktische Ausbildungszeit zum Dentisten verbracht. Ida Gellertova suchte nun einen Dentisten, den sie mit Ludwig Ornstein passend fand. Als Ludovit Ornstein im Spätsommer 1938 in Spisska Nova Ves ankommt, läuft ein 8jähriger Junge über die Straßen, der als Pferdenarr bekannt ist – Walter Morgenbesser. Beide wird in der Zukunft ein trauriges Schicksal vereinen.

Vermutlich kam Ludwig Ornstein nach dem 3. September 1938 von Spisska Nova Ves noch ein oder zwei Mal nach Lindenholzhausen zurück zu seiner Frau Berta.

---

[111] S. die Dokumente im Anhang.

Aber noch immer hat er Ende September 1938 keine Genehmigung bekommen, sein Inventar, das am 14.9.38 von der Zollfahndungsstelle in der Bahnhofstr. 7 besichtigt wurde, als Umzugsgut freizugeben. Er benötigt jedoch seine zahntechnischen Instrumente in Spisska Nova Ves. Zudem scheint Ludwig Ornstein finanzielle Probleme zu haben, bzw. seine Frau Berta. Er schreibt einem Assessor Weber im Landesfinanzamt Frankfurt: „Ich darf wohl hoffen auf die Güte und die Freundlichkeit des Herrn Ass. Weber meinem Anliegen zu entsprechen."[112] Seit Mai 1938 war zur Ausfuhr von Umzugsgut eine Genehmigung der Devisenstelle unabdingbar und dies lag in deren - Großteils boshaftem - Ermessen. Die Devisenstellen im nationalsozialistischen Deutschland waren fast durchweg freiwillige Helfer bei der Ausplünderung der Juden.[113] So ist es nicht klar, ob Ludwig Ornstein jemals sein Dentisten-Inventar u.a. in die Slowakei ausführen durfte.

Johann Jung, der 1940 tragisch bei einem Autounfall ums Leben kam, half den Ornsteins im November 1938 heimlich beim privaten Umzug. Er baute ihnen Holzkisten, die er für den Umzug versandfertig machte. Mehrere Abende war er nicht zuhause, wie sich sein Sohn Werner Jung erinnert.[114]

Am 9.11.1938, dem Tag der „Reichskristallnacht", wollten am Abend einige Lindenholzhäuser Nazis in die Praxis von Ludwig Ornstein eindringen. Wahrscheinlich kamen diese aus Limburg, wo - wie in vielen jüdischen Synagogen - ein Mob gewütet hatte. Jakob Stein stellte sich diesen mit einer Axt in den Weg. „Wenn einer hier über die Schwelle geht, dann mit der Axt". Tage danach habe er sich versteckt, aus Angst.

Für Berta Ornstein, die an diesem 9.November 1938 noch in Lindenholzhausen wohnte, waren diese Tage mehr als nur ein Schrecken. Sie hat sicherlich von den Ereignissen in ihrem Geburtsort Miehlen

---

[112] Brief vom 27.9.1938 aus Spisska Nova Ves, der am 7.10.1938 in Frankfurt einging.
[113] Vgl hierzu https://www.frankfurt1933-1945.de/beitraege/justiz-polizei-und-fiskus/beitrag/devisenstellen-als-helfer-bei-der-auspluenderung-der-juden (1.9.38)
[114] Vgl. seine privat veröffentlichten Erinnerungen „Glück gehabt. Die Zeit meiner Kindheit und Jugend 1927-1951".

gehört. Ihr Vater, der Vorsteher der jüdischen Gemeinde dort war, wurde schwer misshandelt. Die Eltern waren dann beide nach Frankfurt abtransportiert worden, und gingen ihrem Tod entgegen.

Am 15.11.1938 meldete sich auch Berta Ornstein in Lindenholzhausen ab. Ludwig Ornstein war an diesem Tag vermutlich ebenfalls in Lindenholzhausen. Es gibt Augenzeugenberichte, wonach das Ehepaar Ornstein sich in einem Wagen sitzend verabschiedet habe. Sicherlich auch von der Familie Jung-Diefenbach in der Bahnhofstr. 56. Es war ein leiser, ein schmerzlicher Abschied aus Lindenholzhausen. Sicherlich aber mit der Hoffnung verbunden, in Spisska Nova Ves vorerst ein neues, freieres Leben beginnen zu können.

Berta Ornstein fuhr jedoch nicht direkt mit nach Spisska Nova Ves. Sie kam zunächst nach Frankfurt, weil sie davon gehört hatte, dass ihr Vater dort war.[115] Am 23.12.1938 starb ihr Vater, wohl an den Folgen von Schlägen der Pogromnacht in Miehlen und Folter in Frankfurt. Ihre Mutter war da schon in Theresienstadt, wo sie 1943 starb.[116] In Frankfurt hat Berta Ornstein sicherlich auch ihren Neffen Fritz getroffen. Dieser war zu dieser Zeit in der „israelitischen Waisenanstalt" im Röderbergweg 87, in der Nähe des Frankfurter Zoos. So kam Berta Ornstein vermutlich Anfang Januar in Spisska Nova Ves an.

Jung-Diefenbachs aus der Bahnhofstraße 56 hielten weiter brieflichen Kontakt mit Berta und Ludwig Ornstein, was mutig war. Denn die Gestapo wusste mit Sicherheit davon. In einem Brief vom 11. Juni 1939 an ihren Neffen Fritz, der plant zu seiner Mutter in die USA auszureisen, schreibt Berta Ornstein von Spisska Nova Ves aus: „Frau Jung aus Lindenholzhausen schreibt uns öfter. Beim Bohnenschneiden wird sie dich vermissen."

In diesem Brief teilen Berta und Ludwig Ornstein auch ihre Pläne mit, in die USA ausreisen zu wollen, wo bereits 3 Schwestern von ihr lebten: „... Wenn wir dann auch kommen, kannst du uns am Schiff

---

[115] Vgl. die Erinnerungen der Schwester Auguste Leiter, geb. Strauß, Entschädigungsakt Jakob Strauß hhstaw_518_81364.
[116] Diese Nachricht hat Berta Ornstein aber nie mehr erreicht.

abholen und kommen wir dann wie Gtt will wieder alle zusammen."[117] Der Beginn des II. Weltkriegs machte alle Pläne zur Auswanderung in die USA zunichte. Doch zunächst ging es den in der Slowakei lebenden Juden noch relativ gut. Noch gab es keine großen Einschränkungen.

In Spisska Nova Ves arbeitete Ludwig Ornstein in der Zahntechnik-Praxis von Ida Gellert. Diese lag in der Rimanova Ulica 6 (später Hitlerova 6, oder Adolf-Hitler-Str. 6, heute Szkola Ul.). Anfänglich haben die beiden wohl für eine Übergangszeit auch dort gewohnt, bzw. in der Rimanova Ul. 8, dem Wohnhaus von Ida Gellert. Später dann wohnten sie in der Slovenska Ul. 30.[118]

Am 9. September 1941 trat in der Slowakischen Republik der Judenkodex in Kraft. Darin wurde unter § 8 (1) bestimmt: „Juden sind verpflichtet, die jüdische Bezeichnung (Kennzeichnung durch einen gelben Stern auf der Kleidung) zu tragen."[119] Von da an trugen Ludwig Ornstein auf dem Weg zur Arbeit und Berta Ornstein bei Einkäufen oder Besuchen den gelben Stern.

Spisska Nova Ves um 1940

---

[117] Vgl. Fred Strauss papers unter https://collections.ushmm.org
[118] So steht es in den Karteikarten der jüdischen Bewohner von Spisska Nova Ves (Kartotékové listy Židov) der beiden. Wobei Ludwig Ornstein schon früher – so auch in Lindenholzhausen - meist seine dienstliche Adresse bei Briefwechseln angab.
[119] Vgl. Die Verfolgung und Ermordung der europäischen Juden durch das nationalsozialistische Deutschland 1933-1945. Bd. 13 Slowakei u.a., Degruyter Berlin, S.185

Die befreundete Familie Morgenbesser, hinten links Walter Morgenbesser, in der Mitte Fancsi Morgenbesser.

In Spisska Nova Ves lebten bei der im Februar 1942 angeordneten Volkszählung 830 Juden, das waren 5,6% der Gesamtbevölkerung.

Einen Monat später, am 25.März 1942 um 20.00 Uhr fuhr am Bahnhof in Poprad der erste Deportationszug mit 1.000 kinderlosen jüdischen Frauen und jungen Mädchen aus der Slowakei Richtung Vernichtungslager. Berta Ornstein war nicht in diesem Transport. Gemäß Abschnitt 2(3) des Verfassungsgesetzes Nr. 68/42 Sl. z., wurde ihr und ihrem Mann eine Ausnahmegenehmigung erteilt, durch die sie von der Deportation in ein Konzentrationslager befreit wurden. Sie erhielten die Befreiung auf der Grundlage der Erklärung von Frau Gellert, dass Herr Ornstein als Zahntechniker aufgrund des Fachkräftemangels ihr gesamtes Gewerbe betreibt.[120] Am Ende der Deportationen 1942 lebten nur noch 108 Juden in der Stadt.[121]

---

[120] Vgl. die angehängten Dokumente.
[121] Vgl. https://www.jewishgen.org/yizkor/pinkas_slovakia/slo405.html (28.4.23).

Lea und Dr. Ernest Ehrenreich (Hochzeit 1938). Sie war Freundin von Berta Ornstein, er als Zahnarzt Kollege von Ludwig Ornstein in Spisska Nova Ves.

Berta Ornstein pflegte Freundschaften zur Mutter des schon erwähnten Walter Morgenbesser, Fancsi Morgenbesser, und zur Frau eines in Spisska Nova Ves ansässigen Zahnarztes Dr. Ehrenreich, Lea Elizabet Ehrenreich, geb. Goldshtein.[122] Vermutlich war auch Ludovit Ornstein mit dem Zahnarzt Dr. Ernest (Aharon) Ehrenreich (geb. 1913) befreundet. Er und seine Familie überlebten die Shoah. Sie wanderten später nach Israel aus, wo sie wie viele andere deutsche Juden auch einen neuen Nachnamen annahmen: Ernan[123], ebenso wie die überlebenden Morgenbessers den Nachnamen „Mor" annahmen.

Ab September 1944 spitzt sich die Lage für die in der Slowakei verbliebenen Juden zu. Deutsche Einheiten besetzen nun die gesamte Slowakei. Alle bisherigen Ausnahmeregelungen für Juden werden aufgehoben und die nach November 1942 ausgesetzten Deportationen beginnen wieder.

---

[122] So schrieb der Bruder von Walter Morgenbesser, Avri Mor (14.12.1928). Seine Mutter Fancsi Morgenbesser, wurde 1945 in der Gaskammer in Ravensbrück ermordet.
[123] David Ernan, der Sohn von Dr. Ehrenreich, geb. 1942 in Spisska Nova Ves, lebt heute noch in Israel.

Die Spur von Bertha Ornstein verliert sich in diesem September 1944. Ihre zwei Schwestern in den USA, Ottilie Baum und Auguste Leiter, haben seit dieser Zeit keinen Kontakt mehr zu ihr und geben am 19.Juni 1958 vor dem Amtsgericht Frankfurt ihre Schwester Berta als verschollen an. In einer Quelle wird davon geschrieben, dass sie in Auschwitz ums Leben gekommen sei.[124] Auf jeden Fall sind Bertha und Ludwig Ornstein in ihren schwersten Stunden nicht mehr zusammen.

Bevor die Deutschen in die Stadt kamen, gelang es wohl den meisten verbliebenen Juden von Spisska Nova Ves, in die Nachbardörfer zu fliehen oder in die Wälder.[125]

Tibor Gellert, dem Sohn von Ida Gellertova gelingt es, mit anderen Juden aus Spisska Nova Ves zu fliehen. Vielleicht war Berta Ornstein auch dabei, denn sie wird zum Zeitpunkt der Verhaftungen zuhause und nicht in der Zahn-Praxis ihres Mannes gewesen sein. Die Flucht ging nach Klauzy, einem Waldgebiet, das ca. 13 km südwestlich von Spisska Nova Ves liegt. Slowakische Partisanen hielten sich dort in selbst gebauten Bunkern vor den deutschen Truppen und SS versteckt. Wer jedoch aufgegriffen wurde, wurde entweder sofort brutal ermordet oder in ein Konzentrationslager gebracht.[126]

Oder Berta Ornstein wurde mit einem früheren Transport im September/ Oktober 1944 von dem Auffanglager Sered nach Auschwitz-Birkenau deportiert.

---

[124] Vgl. Entschädigungsakte nach Bertha Strauß, HHStAW Bestand 518 Nr. 78416.
[125] Vgl. https://www.jewishgen.org/yizkor/pinkas_slovakia/slo405.html (29.5.23)
[126] So Ružena Kormošová in https://maget.sk/klastorisko-strategicke-centrum-slovenskeho-raja-2-cast/ (Zugriff 3.6.2023). Mit Ružena Kormošová, Historikerin und Lehrerin in Spisska Nova Ves gab es seit 2021 einen regen Email-Austausch zum Schicksal von Berta und Ludwig Ornstein. Sie ist sehr engagiert, mit Schüler*innen die jüdische Geschichte von SNV aufzuarbeiten. Ein beeindruckender Artikel über ihre Arbeit auf Englisch ist zu finden unter: https://spectator.sme.sk/c/22803950/cemetery-continues-telling-the-story-of-spis-jews.html (3.6.2023)

Berta Ornstein im Jahr 1921

Ludwig Ornstein wird Ende Oktober 1944 mit Ida Gellert und weiteren Juden im Innenhof und im Garten des Gestapo-Hauptgebäudes von Spisska Nova Ves zusammengetrieben. Vermutlich wurden sie direkt in der Zahn-Praxis verhaftet. In einem offenen Lastwagen werden sie nach Prešov gebracht, einem Gestapo-Gefängnis mit ukrainischen Wachen. Hier werden sie brutal verhört. Im Gefängnis von Prešov kommen die Tage bis zum 2. oder 3. November insgesamt 96 weibliche und 268 männliche Gefangene zusammen.[127] Dann werden sie vom Bahnhof Prešov mit dem Sondertransport Nr. 114[128] deportiert.

---

[127] Vgl. zu dieser Deportation am 2./3.11.1944 Strebel, Bernhard (2003) Das KZ Ravensbrück. Geschichte eines Lagerkomplexes Paderborn: Schöningh, S.132

[128] Dieser Sondertransport 114 (Monika Schnell bestätigte per Email im Oktober 2021, dass es nicht der Transport 104 war, von dem Walter Morgenbesser schreibt) fuhr von Prešov (Preschau) über Sered nach Auschwitz mit 920 oder 930

Walter Morgenbesser, der neben seinen Eltern mit Ludwig Ornstein im gleichen Transport ist, berichtet über die Umstände dieser Deportation:

„Auf der Bahnstation in Prešov wurden wir wieder in Waggons verladen. Kinder wurden von ihren Müttern, und Männer von ihren Frauen getrennt. Ich überlebte diese erste Selektion. Die Lebensumstände in diesen Waggons waren katastrophal. Noch heute fällt es mir schwer, mich an diese unmenschlichen Umstände zu erinnern. Ohne Wasser und ohne Essen standen wir mit 120 Personen in einem Waggon, der für 15 Personen bestimmt war. In der Ecke war ein Kübel für Exkremente. Der Transport dauerte eine Woche. – Die erste Station war Auschwitz. Da wurden wir ausgeladen, um hier vergast zu werden, aber aus technischen Gründen wurde die Vergasung verschoben. Ich kann mich kaum erinnern, wie lange wir in Auschwitz verweilten. Jedenfalls wurden wir nach einiger Zeit wieder in die Waggons verladen. Ich fand meine Mutter wieder, reichte ihr die Hand und führte sie zum Waggon, in dem sich mein Vater befand. Mein Vater war in einem sehr schlechten Gesundheits- und Seelenzustand. Nach dieser Prozedur bewegte sich der Transport in Richtung Deutschland. – Der Zug blieb erneut in einer kleinen Station namens Fürstenberg stehen. Hier wurden wir mit Schreien, Befehlen, Peitschenhieben und Wolfshunden ausgeladen. Mit Rucksäcken auf dem Rücken begannen wir einen Marsch, von dem nur Gott wusste, wohin es ging. Die Entfernung war nicht groß – ungefähr 2 km – der Weg aber war hart, bis wir auf eine offene Fläche kamen. Wir waren alle beisammen, aber nur für kurze Zeit. Es fällt mir sehr schwer, diese Szene zu beschreiben, und ich muss weinen. Tränen trüben meine Brille. – Die zweite Selektion begann – Frauen mussten nach links, Männer mussten stehen bleiben. (...) Mit meinem Vater und mit der ganzen Männergruppe wurde ich durch ein riesiges Holztor mit der Aufschrift „Arbeit macht frei" ins Männerlager geführt. (...) Vor dem Eingang legten wir alle Kleider ab. Wir waren ganz nackt. Unsere persönlichen Sachen

Deportierten. Er verließ Sered am 2. November 1944. Vgl. https://en.wikipedia.org/wiki/List_of_Holocaust_transports_from_Slovakia#cite_note-FOOTNOTECzech1997743%E2%80%93744-133 (28.4.23)

wurden uns abgenommen. Beim Eingang in einen Duschraum fürchteten wir unser Ende nahe, da wir schon von Gaskammern wussten. Der Raum ähnelte einem Laboratorium, und es gab keine Möglichkeit sich zu bewegen. (...) Zu meiner großen Überraschung kam aus der Dusche wirklich warmes Wasser (...). Nach dem Duschen blieben alle Männer ganz nackt. Erst nachher erhielten wir Häftlingsbekleidung mit einer runden Häftlingsmütze und Holzschuhe. Man führte uns in die Wohnbaracke Nummer 4 und wir erhielten Häftlingsnummern. So verlief der erste Tag (...). In dieser Baracke lagen wir zusammen mit achthundert bis tausend anderen Gefangenen auf dreistöckigen Holzpritschen."[129]

Dieser erste Tag in Ravensbrück war der 9.November 1944. Ludwig Ornstein erhält noch die Häftlingsnummer 11 632. Doch eine Häftlingskarte existiert nicht. Am 10. November 1944 stirbt Ludwig Ornstein in Ravensbrück. Er wurde 53 Jahre alt. Wahrscheinlich waren die Verletzungen durch die Folter in Prešov und die Strapazen der Fahrt zu groß gewesen oder man hat ihn einfach erschossen. Ida Gellert kam 14 Tage später im Frauentrakt des Konzentrationslagers Ravensbrück ums Leben.

Nach dem II. Weltkrieg war ein Bruder von Ludwig Ornstein - Simon - in Lindenholzhausen und fragte sowohl in der Bahnhofstraße 7 nach Gegenständen, die in Lindenholzhausen verblieben waren, als auch Bürgermeister Norbert Löw nach Auskunft.

1958 stellt Dr. Simon Ornstein einen Antrag auf Entschädigung nach Bundesgesetz. Neben der darin genannten Johanna Chana Griner, geb. Ornstein[130] sind alle anderen Geschwister in der Shoah ums

---

[129] Walter Morgenbesser, Des Schneiders Sohn, in: WEITERGELEBT. 7 jüdische Schicksale im II. Weltkrieg, Hentrich &Hentrich, Berlin, S. 25 – 30 (hier: S. 27f.)
[130] Chana Griner ist vermutlich die einzige der Geschwister Ornstein, die in Israel Nachkommen hat.

Leben gekommen: Jakob Ornstein wurde 1942 nach Majdanek, Sobibor oder Auschwitz-Birkenau deportiert und ermordet. Bernhard Ornstein lebte als Fotograf in Frankreich und wurde mit dem Transport Nr. 33 von Drancy nach Auschwitz-Birkenau gebracht und ermordet. Miriam Irma Ornstein lebte in Liptovsky Svaty. Im Zuge von Pogromen im Jahr 1942 wurde die Hälfte der dort lebenden Juden deportiert, 80% in Konzentrationslagern ermordet, darunter auch Miriam Irma Ornstein.

Die überlebenden zwei Schwestern von Berta Ornstein – Auguste Leiter und Ottilie Baum (die dritte überlebende Schwester Martha Falkenstein war wie schon erwähnt 1943 in New York gestorben) geben am 24.August 1945 die Nachricht vom Tod ihrer Mutter Träutche Strauss in der Zeitung „Aufbau" in den USA bekannt:

„Erst jetzt erhielten wir die schmerzliche Nachricht, dass unsere liebe, herzensgute Mutter, Grossmutter, Schwiegermutter, Schwägerin u. Tante Trautche Strauss, geb. Nathan (fr. Miehlen, Frankfurt/M.) 1944 in Theresienstadt verschieden ist. In tiefer Trauer: Jetta Heymann, geb. Strauss, Salli u. Clara Loewenstein. geb. Strauss, Arthur und Tilly Baum geb. Strauss 705 W. 170th St., N. Y. C., Ludwig u. Berta Ornstein geb. Strauss, Ludwig und Gustel Leiter geb. Strauss 620 W. 170th St., Apt. 4-A New York City".

Da wussten die beiden Schwestern weder von dem Tod von Berta und Ludwig Ornstein noch vom Tod der Schwestern Jette[131] und Clara[132] und deren Mann Salli. Erst nach und nach erschließt sich ihnen das grausame Ausmaß der Jahre des nationalsozialistischen Terrors für ihre Familie.

Fred Strauß, als „Fritzchen" oder „Fritzel" in seiner Kindheit in den Sommern von Lindenholzhausen, einer von drei überlebenden Neffen von Berta und Ludwig Ornstein, heiratete im September 1948 Sigrid Ansbacher, die drei Konzentrationslager - Theresienstadt, Auschwitz

---

[131] Zwischen 1942-1945 in Izbica ermordet.
[132] Mit ihrem Mann Sally und Tochter Edith 1942 in Sobibor ermordet.

und Bergen-Belsen – überlebt hatte. Zwei Kinder wurden geboren, Marsha und Larry, und fünf Enkelkinder, Alanna Rei, Stephanie Lynn, Scott Michael, Jason Richard und Evan Andrew. Fred (Fritz) Strauss starb am 2. Juni 2013 in Bergenfield, NJ. Seine Frau Jean Strauss, geb. Sigrid Ansbacher lebt heute mit 95 Jahren in New York.

2 Jahre nach Fred Strauss Tod wurden die Stolpersteine vor das Haus Bahnhofstraße 7 gelegt, die eigentlich an der Bahnhofstraße 56 liegen müssten.[133]

Wenn dort einer gelegt würde – normalerweise wird für jede Person ein Stolperstein gelegt -, müsste die Inschrift lauten:

HIER WOHNTEN LUDWIG ORNSTEIN JG. 1891 DEPORTIERT 1944 ERMORDET IN RAVENSBRÜCK UND BERTA ORNSTEIN GEB STRAUSS JG. 1901 DEPORTIERT 1944 ERMORDET VERMUT-LICH IN AUSCHWITZ.[134]

שֵׁם עוֹלָם אֶתֶּן־לוֹ אֲשֶׁר לֹא יִכָּרֵת׃

Einen ewigen Namen stifte ich ihnen, der unvertilgbar ist.
Sefer Jeschajahu / Buch Jesaja 56,5

---

[133] Da die Stolpersteine an dem letzten vom Opfer frei gewählten Wohnort liegen, nicht dem Arbeitsort.
[134] In der zentralen Datenbank der Namen der Holocaustopfer, die 4,8 Millionen Namen umfasst, sind Bertha Chana Ornstein, geb. Strauß und Ludwig Ornstein aufgenommen. Vgl. https://yvng.yadvashem.org/index.html?language=de .

Nachwort:

Dass 10 Jahre nach Ende des II. Weltkriegs wieder ein Jude in Lindenholzhausen lebte wird nur wenigen bekannt sein. Am 30.1.2022 berichtet die NNP in einem Artikel „Der Staffeler Julius Löb überlebte Auschwitz".

Julius Löb lebte 1954- 1956 in der Rübsanger Straße 32. In dieser Zeit ist sein Entschädigungsverfahren im Gang. Aus heutiger Sicht ist es erschütternd zu lesen, wie wahrscheinlich während der Zeit des Nationalsozialismus agierende Beamte nun als Entschädigungsbehörde über die Anträge von Jüdinnen und Juden entscheiden, welche Ansprüche geltend gemacht werden können und welche nicht.[135]

Wie sagte mir einst eine polnische Überlebende des KZ Potulice: „Die Wunde blutet noch immer." Ob wir verstehen?

---

[135] Vgl. die Entschädigungsakte von Julius Löb im Hessischen Hauptstaatsarchiv Wiesbaden mit der Signatur HHStAW, 518, 2832

Dokumente zum Leben von Berta und Ludwig Ornstein

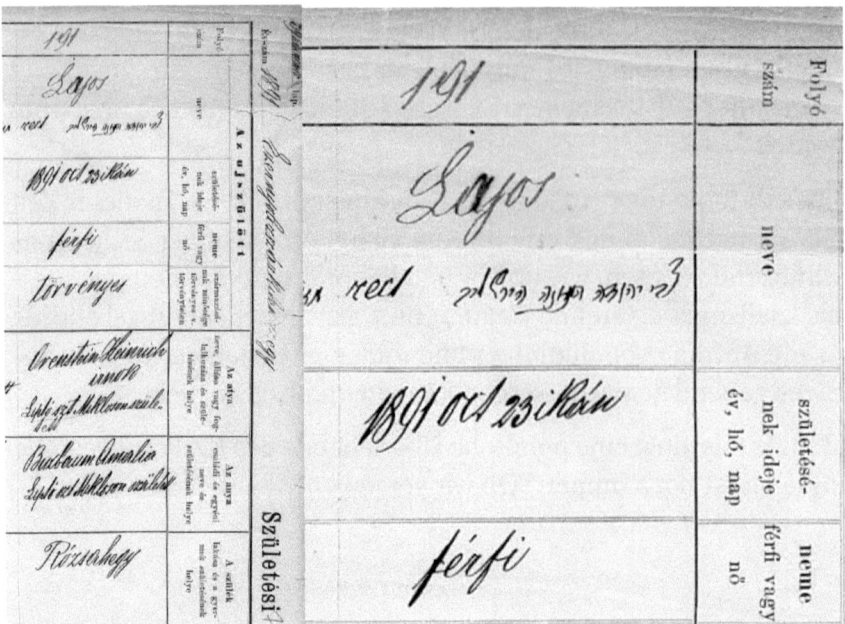

Geburtsregister Rózsahegy, Lajos, 1891 Oct 23. (ferfi = männlich),

Suchanzeige zu Heinrich Ornstein in der Ostrauer Zeitung vom 21.12.1903

Volkszählung in Mährisch-Ostrau 1900, als Nr. 3 Ludwig Ornstein als zu dem Zeitpunkt ältester Sohn von Heinrich und Mathilde Ornstein.

_____ Religion, und zeigte an, daß von der

_____

_____

_____ israelitischer Religion,

wohnhaft _____

_____

zu _____

am _____ ten _____ des Jahres

tausend neunhundert _____ mittags

um _____ Uhr ein _____

geboren worden sei und daß das Kind _____ Vornamen

_____

erhalten habe. _____

Geburtsregister Miehlen, 1901, Bertha Strauß

3 Orchudesch	Felicia	Ehefrau	x	Elsterstr. 3
4 „	Siegfried	Fabrikant	x	Elsterstr. 3
5 Orel	Aron	Kaufmann		König-Johann-Str. 9
6 „	Jenny	Ehefrau		König-Johann-Str. 9
„				nn-Str. 9
I **Ornstein**	**Ludwig**	**Student**		Istr. 2
				Istr. 2
5840 „	Stephanie	Ehefrau		Windscheidstr. 2
I Ornstein	Ludwig	Student		An der alten Elster 6
2 Oscherowitz	Dora	Ehefrau		**An der alten Elster 6**
3 „	Hermann	Gesch.-Inh. u. Bt		
4 Oselka	Mendel	Rauchwarenkommiss.		Frankfurter Str. 11 II
5 „	Nanny	—		Frankfurter Str. 11 II
6 Oskowizchki	Leo	Händler		Grassistr. 34 III r.

Oesterreicher und Oestreicher siehe unter Oe.

Wählerliste der israelitischen Religionsgemeinde Leipzig 1924

Nr. *6*

(Aufgebotsverzeichnis Nr. *6*)

Miehlen am *vier*ten
November tausend neunhundert *dreiund=*
dreißig

Vor dem unterzeichneten Standesbeamten erschienen heute
zum Zwecke der Eheschließung:

1. der *Dentist Ludwig Ornstein*

der Persönlichkeit nach *bekannt,*
geboren am *dreiundzwanzig*sten *Oktober*
des Jahres tausend *acht* hundert *einundneunzig*
zu *Rosenberg*
Geburtsregister Nr. *191* des Standesamts
in *Rosenberg*
wohnhaft in *Lindenholzhausen* ;

2. die *Bertha Strauß, ohne Beruf*

der Persönlichkeit nach *bekannt,*
geboren am *zehn*ten *Januar*
des Jahres tausend *neun* hundert *undeins*
zu *Miehlen*
Geburtsregister Nr. *1* des Standesamts
in *Miehlen*
wohnhaft in *Miehlen*

Heiratsurkunde Miehlen, 1933, Bertha und Ludwig Strauß

- 85 -

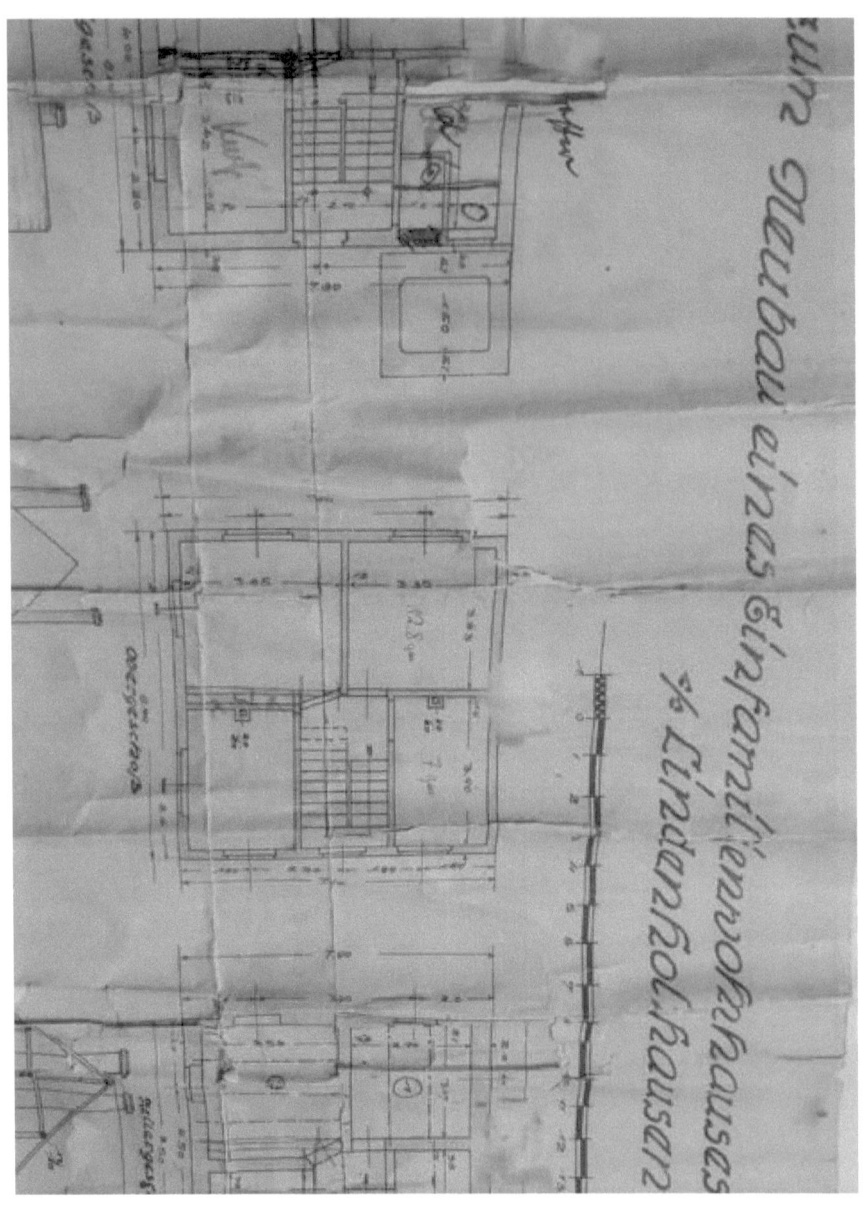

*Plan zum Neubau eines Einfamilienhauses für Adam Jung-Diefenbach
(Bahnhofstr. 56), 1927, im Obergeschoss wohnten Ornsteins*

JAHRBUCH
FÜR DENTISTIK

verbunden mit dem

ADRESSBUCH
der Deutschen Dentisten

1933/34

Krofdorf-Gleiberg Post Krofdorf Gießen Land (Kr. Wetzlar). 2500 Einw. 1 A.,
  1 Za., 1 Dent., Ap.
  Möller, Klara.

Limburg (Lahn) (Kr. Limburg). 12 198 Einw. 14 Ae., 5 Zä., 3 Dent., Kr., 2 Ap.
  Bach, Frl. Paula, Bahnhofstraße 8a.* G 07 N 33 ☉
  Kneupper, Karl, Untere Schiede 27.* G 89 N 12 ☉ ☞ 261.
  Schott, Robert, Obere Schiede 21.* G 82 N 09 ☉ ∽ Ffm. 8221 ☞ 805.

Lindenholzhausen (Kr. Limburg). 1700 Einw. 1 A., 1 Dent.
  Ornstein, Ludwig, Bahnhofstraße 7.* G 91 N 32 ☉

Löhnberg (Oberlahnkreis). 1530 Einw. 1 A., 1 Dent.
  Krause, Walter.* G 91 N 21 ☉

              (Oberlahnkreis). 2500 Einw. 3 Ae., 1 Za., 1 Dent., Kr., A

Krankenkaffe der Deutschen Angeſtellten

V. a. G. (Erſatzkaſſe)

Nach dem Stand vom 1. Oktober 1934

Verzeichnis

der nichtariſchen und ſtaatsfeindlichen Ärzte, Jahnärzte und Dentiſten

auf deren Rechnungen in der Verſichertengruppe C entſprechend § 6 Ziffer 5 bzw. 11 der Allgemeinen Verſicherungsbedingungen in der Faſſung des Artikels 2 des 3. Nachtrages vom 19. Juni 1934 eine Erſtattung ab 1. Oktober 1934 nicht mehr erfolgen darf.

Eine Ausnahme davon wird nur gemacht wenn nichtariſche Verſicherte oder ſolche, die ſich als nichtariſch bezeichnen, von nichtariſchen Ärzten, Jahnärzten und Dentiſten behandelt worden ſind. Für die Inanſpruchnahme der als ſtaatsfeindlich bezeichneten Ärzte, Jahnärzte und Dentiſten gilt auch dieſe Ausnahme nicht. Auf ihre Rechnungen erfolgt eine Rückvergütung in keinem Falle.

III. Landesverwaltung Heſſen

a) nichtariſche Dentiſten:

Frankfurt a. M.

Dillenberg, David, Staufenſtraße 2
Falt, Magda, Rückertſtraße 45
Oppenheimer, Bella, Göthéſtraße 24
Roſengarten, Benno, Zeil 11
Sandel, Jakob, Friedberger Landſtraße 52

Frankfurt-Ginnheim

Jakob, Heinrich, Ginnheimerlandſtraße 134

Jugenheim
Koppel, Karl, Ludwigſtraße 17
Gießen
Schmidt, Erich, Bahnhofſtraße 71
Büdesheim (Oberheſſen)
Strauß, Hugo
Lindenholzhauſen
Ornſtein, Ludwig, Bahnhofſtraße 7

b) ſtaatsfeindliche Dentiſten:

Fehlanzeige

Oktober 1934, Ausschlussliste für jüdische Ärzte, Zahnärzte und Dentisten

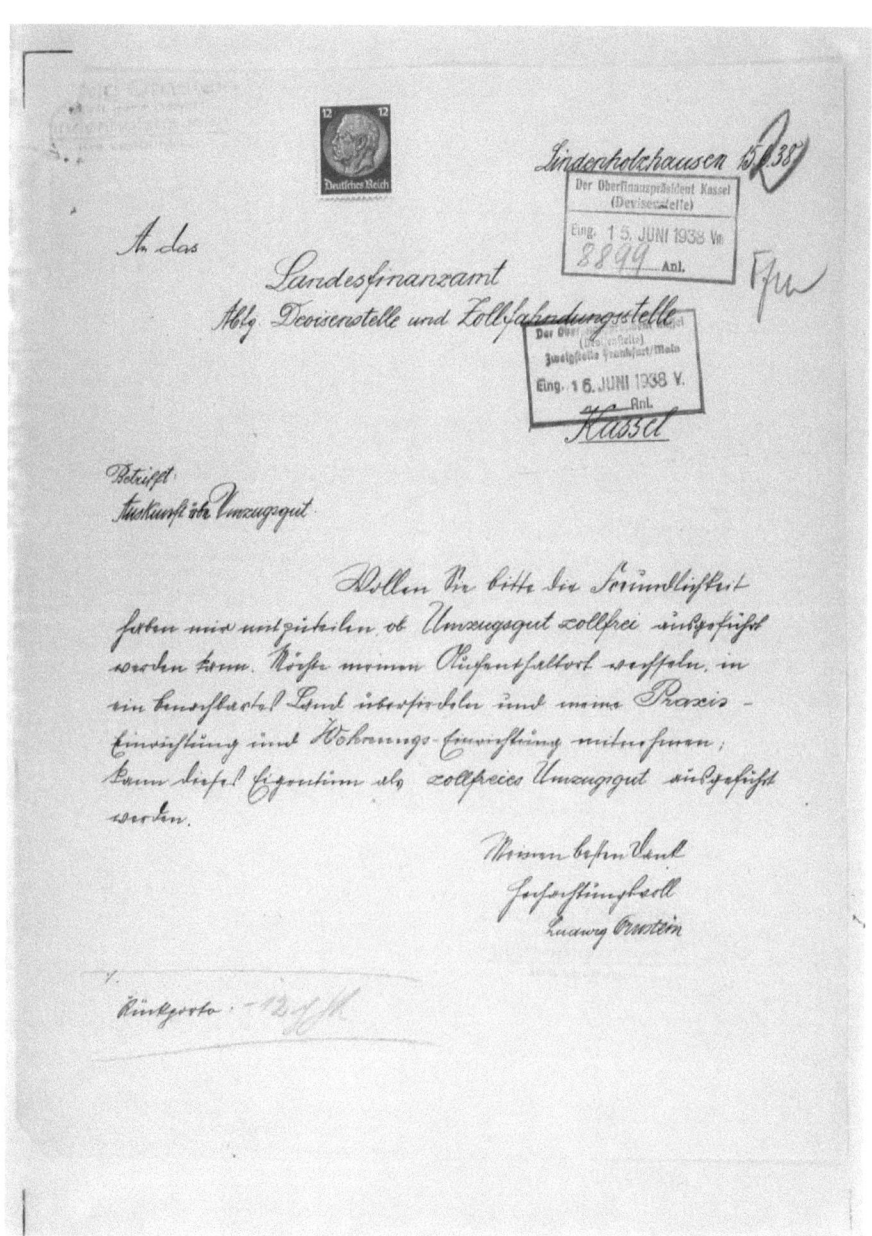

Brief von Ludwig Ornstein an das Landesfinanzamt Kassel im Juni 1938

LINDENHOLZHAUSEN 7.7.38

AN DEN OBERFINANZPRÄSIDENT KASSEL

F. Devisenstelle

Zweigstelle Frankfurt a. M.

ABTEILUNG S.

S XII - E 1106/38

Der Oberfinanzpräsident Kassel
(Devisenstelle)
Zweigstelle Frankfurt/Main
Eing. - 9. 7. 1938 V.
Anl.

betrifft:
Umzugsgut
von Ausländer.

Da ich Ausländer bin (Tschecho-Slow. früher Ungarn)
möchte ich wissen ob mein Praxisinventar - Ordnungseinrichtung
ins Ausland ausgeführt werden kann - Zollfrei:

Dafür die Unterlagen kann ich erst vorlegen wenn ich auch
weiss wieviel Umzugsgut gesendet wird, um dieb bezüglich dies
ponieren zu können. Für den Punkten erkläre ich:

1. beim Finanzamt keine Rückstände
2. " Rechnungsamt " "
3. Vermögen keine
4. Schulden keine
5. Liste I. vor dem 1.1.33 Praxis Inventar u.s.w. einfach
   " II. nach dem 1.1.33 .... Schlafzimmer
                        Wohnzimmer. Küche einfach
   " III. gar keine .

6. siehe oben
7. entfällt.

Hochachtungsvoll
Ludwig Ornstein
Dentist
Lindenholzhausen

Brief von Ludwig Ornstein an das Landesfinanzamt Kassel 7.Juli 1938 mit der genauen Auflistung seines Besitzes.

Liste III.

Thorarolle (Gesetzesrolle der 5 Bücher Moses)
in Obhut übernommen, in gebrauchtem Zustand,
zu übergeben einer armen Gemeinde für
den Gottesdienst.
Wird vom Landesverband, Landesdienststelle
Bad Ems, Dr. Laupheimer Bezirksrabbiner,
an Auswandernde zur Mitnahme bereitgestellt
und vor der Auswanderung ausgehändigt.

Ludwig Ornstein
Dentist
Lindenholzhausen
Bahnhof 7/24

Die im Brief erwähnte Thora-Rolle (Gesetzesrolle der 5 Bücher Moses) und
die Erwähnung von Bezirksrabbiner Laupheimer.

Datum	Gang der Ermittlungen	Aktenzeichen:
1.1o.38.	O. erhält vermutlich von seiner Ehefrau Berta O. wohnh. in Lindenholzhausen deutschfeindliche Nachrichten	62.00 Pers. O. 67

Datum	Gang der Ermittlungen	Aktenzeichen:
1.1o.1938.	O. steht im Verdacht, deutschfeindliche Nachrichten an ihren im Ausland lebenden Mann zu senden. Postüberwachung wurde für die Dauer von 6 Monaten angeordnet.	62.00 Pers. O. 67

Karteikarten der Gestapo Frankfurt vom 1.10.1938

Rassenschänder Bloch in Chinow und seine Beerdigung

Kleine Nachrichten
Was das Volk nicht verstehen kann

Frauen und Mädchen, die Juden sind Euer Verderben!

„Der Stürmer" Oktober 1938 mit der Rubrik „Kleine Nachrichten. Was das Volk nicht verstehen kann" und darin der Erwähnung von drei standhaften Lindenholzhäusern.[136]

land gibt, sterben auch die Judengenossen nicht aus. Kr.

Kleine Nachrichten
Was das Volk nicht verstehen kann

Die Volksgenossen Jakob Otto, Wm. Arthen und Richard Kraus aus Lindenholzhausen (Lahn) unterhalten freundschaftliche Beziehungen zu dem jüdischen Dentisten Ornstein von Lindenholzhausen.

Die Judenfirma Siegbert Herzfeld in Treuen (Vogtl.) hat die Vertretung der deutschen Firma Bleyle.

---

136 Danke an Markus Streb für die Entdeckung dieser Ausgabe.

Ludwig Ornstein meldet sich am 3.9.1938 in Lindenholzhausen nach Spisska Nova Ves ab. Berta Ornstein am 15.11.1938.

Spisska Nova Ves, den 11. Juni 1939.

Mein lieber Fritzel!

Da wir bis jetzt noch keine Adresse von Dir hatten, konnten wir Dir noch nicht schreiben. Von allen Lieben aus Deutschland hören wir ja immer dass Du gesund bist u. es Dir dort gefällt. Kannst Du schon etwas französisch. Sonst warst Du jedes Jahr um diese Zeit bei uns. Jetzt habt Ihr doch aber auch Ferien + was macht Ihr in dieser Zeit. Deine ll. Mama wird Dir wohl geschrieben haben, dass Du nach Amerika gehst. Wenn alles klappt kommt Ihr w. G. w. zusammen fahren. Tante Gustel schreibt uns heute, dass sie sich sehr freut wenn Du ll. Hebberje kommst. Wenn wir dann auch kommen kannst Du uns am Schiff abholen + kommen wir dann w. G. w. wieder alle zusammen. Die Liebhaltigkeit hebe ich Dir alle bis dahin w. G. w. auf. Sei nur recht lieb + lerne fleissig + höre Deine Lehrer, denn die wollen doch alle nur Dein Bestes. Bald wirst Du auch anfangen Dich für

Brief von Berta und Ludwig Ornstein aus Spisska Nova Ves an ihren Neffen Fritz Strauß vom 11. Juni 1939. Untenstehend die Erwähnung von Frau Jung aus Lindenholzhausen.

ungefähr so gross wie Limburg. Frau Jung aus Lindenholzhausen schreibt uns öfter. Beim Bohnen schneiden wird sie Dich vermissen. Ich könnte Dich

Deine Barmizwa vorzubereiten. Wenn wir dann in Amerika zusammen sind feiern wir noch mal nachträglich + Du bekommst auch Dein Geschenk. Deine U. Mama schreibt, Du hättest Ihr ein schönes Bildchen geschickt, vielleicht hast Du noch ein für uns. Wir wohnen hier in einem schönen Städtchen ungefähr so groß wie Limburg. Frau Img aus Lindenholzhausen schreibt uns öfter. Beim Bohnenschneiden wird sie Dich vermissen. Sie könnte Dich auch zum spazierengehen + knutschele brauchen. Wenn G.H. will nächstes Jahr.

        Bleibe recht gesund + schreibe uns bald Aber mehr wie + Warte.

          Herzliche Grüsse viele tausend Grüsse Deine Tante Berta. Kennst Du das noch.

Lieber Fritz! Wie geht es dir e Klarium hast du uns noch nicht geschrieben? Wir schicken dir Briefpapier ins Umschlag, auch ein Porto... damit du alles bei der Hand hast. Bleibe Gesund und herzlich

Ida Gellértová,majitelka zubotechnickej živnosti v Sp.Novej Vsi pre-
hlasuje,že Žida Ludovíta Ornsteina ako zubotechnika
v podniku potrebuje,lebo menovaný vedie celý podnik
a nemôže aríjskou silou nahradený z nedostatku tých-
to. *proku pravy 2 ods. 3 písen zákona č. 68/42 §l. 7.*
vynšu plach výfu manželka Bertu

Vd. Ida Gellertova

Ida Gellert, Inhaberin des Zahntechnischen Unternehmens (Zahnklinik) in Spisska Nova Ves erklärt, dass sie den Juden Ludovit Ornstein als Zahntechniker im Unternehmen benötigt, da der genannte Zahntechniker das gesamte Unternehmen leitet und aufgrund des Mangels an diesen nicht durch arische Kräfte ersetzt werden kann.

Handschriftlich ist seine Ehefrau Berta hinzugefügt.

Ausnahmeregel und Schutz vor der Deportation für Ludwig und Berta Ornstein von Ida Gellertova im Jahr 1942

Kartotékový lístok	SP.Nová Ves 734
Meno a priezvisko (u žien i meno dievč.)	Ornsteinová r. Straussová Berta
Miesto a dátum narodenia	10.I.1901, Michlen
Bydlisko (presná adresa)	Sp. N. Ves, Slovenská ul. 30.
Príslušnosť (obec, štát)	slov.
Stav (u ženatého meno a vek manželky a detí do 21 rokov)	vyd.
Povolanie — zamestnanie (u koho, na základe akého povolenia alebo rozhodnutia a jeho číslo)	dom.
Náboženstvo (ak bol prekrstený, uviesť kedy, kde a na akú vieru a čís. krstného listu)	izr.
Dôvod na základe ktorého sa môže Žid právoplatne zdržovať na území štátu	manžel Ludovit Ornstein /b.č.64/ má rozh. Min. hosp.
Poznámky: B.č. 65.	

Kartotékový lístok

736

Meno a priezvisko (u žien i meno dievč.)	Ornstein Ludovít
Miesto a dátum narodenia	Ružomberok, 23.10.1891
Bydlisko (presná adresa)	Sp. N. Ves, Slovenská 30.
Príslušnosť (obec, štát)	slov.
Stav (u ženatého meno a vek manželky a detí do 21 rokov)	žen., manželka: Berta 1901
Povolanie — zamestnanie (u koho, na základe akého povolenia alebo rozhodnutia a jeho číslo)	zub. technik
Náboženstvo (ak bol prekrstený, uviesť kedy, kde a na akú vieru a čís. krstného listu)	izr.
Dôvod na základe ktorého sa môže Žid právoplatne zdržovať na území štátu	rozh. Min. hosp. č. Prez-A-100/3724/42
Poznámky: B.č. 64.	

Karteikarten der in der Slowakei lebenden Juden 1942-1944 für Berta und Ludwig Ornstein. Die Rubriken rechts bedeuten: Namen, Geburt und Ort, Wohnsitz mit Straße, Staatsangehörigkeit, Status, Beruf, Religion, Grund warum ein Jude rechtmäßig festgehalten werden kann.

Häftl. No	Haftart	Zuname	Vorname	geb.	Bemerkungen
11604	S 175	Waldero	Konrad	20.11.20	Shu. 3.-März 1945
11605	Jud/Slov	Braun	Philip	61	† 8.Nov. 1944
11606	Jud/Slov	Keller	Ferdinand	2.11.99	Shu. 3.-März 1945
11607	Jud/Slov	Hornhauser	Desider	22.10.80	
11608	Jud/Slov	Klauber	Ernst	9.8.00	Shu. 3.-März 1945
11609	Jud/Slov	Tar	Leopold	21.11.06	Shu. 3.-März 1945
11610	Jud/Slov	Lefkowitsch	Eugen	10.11.98	Shu. 3.-März 1945
11611	Jud/Slov	Altholf	Hugo	5.11.82	† 4. April 1945
11612	Jud/Slov	Skutarlski	Alexander	25.6.83	
11613	Jud/Slov	Lewy	Georg	5.6.14	Shu. 3.-März 1945
11614	Jud/Slov	Matzner	David	6.6.89	
11615	Jud/Slov	Klein	Eugen	13.5.01	
11616	Jud/Slov	Weinberger	Josef	5.7.04	Shu. 3.-März 1945
11617	Jud/Slov	Grün	Salomon	13.6.85	Shu. 3.-März 1945
11618	Jud/Slov	Grün	Desider	30.11.07	Shu. 3.-März 1945
11619	Jud/Slov	Grün	Eugen	8.1.98	
11620	Jud/Slov	Graus	Alexander	11.1.27	Shu. 3.-März 1945
11621	Jud/Slov	Glück	Abraham	26.4.20	Shu. 3.-März 1945
11622	Jud/Slov	Donner	Adalbert	26.4.04	Shu. 3.-März 1945
11623	Jud/Slov	Prichta	Iwan	21.9.11	
11624	Jud/Slov	Perlroth	Armin	25.8.08	Shu. 3.-März 1945
11625	Jud/Slov	Kanarenstein	Adolf	13.5.12	Shu. 3.-März 1945
11626	Jud/Slov	Wiesenberger	Ladislaus	13.8.17	Shu. 3.-März 1945
11627	Jud/Slov	Ariel	Eugen	30.3.93	Shu. 3.-März 1945
11628	Jud/Slov	Altmann	Zoltan	23.10.18	
11629	Jud/Slov	Brody	Albert	23.3.26	Shu. 3.-März 1945
11630	Jud/Slov	Zinsler	Bernhard	10.7.64	† 26.Dez. 1944
11631	Jud/Slov	Goldberger	Wilhelm	27.8.04	Shu. 3.-März 1945
11632	Jud/Slov	Ornstein	Ludwig	97	† 10.Nov. 1944
11633	Jud/Slov	Rosenzweig	Bronislaus	8.7.25	
11634	Jud/Slov	Baumohl	Heinrich	29.9.02	Shu. 3.-März 1945
11635	Jud/Slov	Goldstein	Armin	3.3.04	

Häftlingsliste Lagerbuch Ravensbrück November 1944, Ludwig Ornstein mit der Häftlingsnummer 11 632.

Todesanzeige von Trautche Strauss in der deutsch-jüdischen Exilzeitung
Aufbau, New York, 24.8.1945

```
Vor dem unterzeichneten Notar
erschien Auguste Leiter geb. Strauss, wohnhaft in New York, N.Y.
620 West 170th Street
und erklärte:

Ich bin die Schwester der Bertha Ornstein geb. Strauss geboren am
10.1.1901 in Miehlen, Kreis St. Goarshausen.

Der letzte inländische Wohnsitz meiner Schwester war in Frankfurt/M.

Meine Schwester war nur einmal mit Ludwig Ornstein verheiratet. Aus
dieser Ehe sind keine Kinder hervorgegangen.

Der Ehemann meiner Schwester, Ludwig Ornstein war in der Tschecho-
slowakei geboren. Auf Grund der Verfolgungen gegen die Juden kehrte
er nach der Tschechoslowakei, nach Spisska Nova Ves zurück, und zwar
im Jahre 1938. Es wanderte dann zu Beginn des Jahres 1939 meine
Schwester nach der Tschechoslowakei aus und vereinte sich dort mit
ihrem Ehemann. Ich stand mit ihnen im Schriftwechsel. Die letzte
Nachricht, die ich über das Rote Kreuz erhielt, war Ende des Jahres
1942 oder zu Beginn des Jahres 1943. Später bat ich United Hias
Service, New York, N.Y., Ermittlungen über meine Schwester und
deren Ehemann in die Wege zu leiten. Nach Abschluß der Ermittlungen
unterrichtete mich Hias Service im Jahre 1945, daß meine Schwester
und deren Ehemann - das Schreiben besitze ich nicht mehr - deportiert
worden wären, sowie daß sie aus der Deportation nicht zurückgekehrt
wären. Gemäß Par. 180 BEG wird vermutet, daß sie am 8.5.1945 ver-
storben sind.

Meine Schwester ist, soweit mir bekannt ist, ohne Hinterlassung eines
Testaments oder einer letztwilligen Verfügung von Todeswegen gestorben.
```

Vermerk aus der Entschädigungsakte nach Jakob Strauß, Wiesbaden 15.
Juni 1971, worin sich Auguste Leiter über ihre Schwester Bertha äußert.

Überblickskarte zu Orten in Deutschland, Polen, Slowakei, Tschechien und Ungarn, an denen Berta und Ludwig Ornstein lebten.

Martinikirmes 1937 – „Das Vertrauen der Bevölkerung untergraben"

Bis 1952/1953 wurde „die Holleser Kirmes" am Sonntag nach dem Fest des heiligen Martin gefeiert. Der Trierer Erzbischof Franz Georg von Schönborn verfügte 1754 ein einheitliches Kirchweihfest für die Orte im Goldenen Grund (von Lindenholzhausen bis Würges) am Wochenende nach dem 11. November. Der Festplatz in Lindenholzhausen war rund um die Wendelinuskapelle, später dann am alten Sportplatz.

Über die Martinikirmes in Lindenholzhausen 1937 berichtet die „Lahnzeitung. Heimatblatt für Lahn, Taunus und Westerwald"[137] am Dienstag, 16. November 1937. „Überall fröhliche Volksgenossen" seien in den Gastwirtschaften gewesen.

Das hört sich ganz anders an in einem Parallelbericht über den Kirmessonntag, 14. November 1937 des seinerzeitigen Bürgermeisters und Ortsgruppenführers Oskar Wicker[138]. Peinlich genau beschreibt er gewisse Streitigkeiten am Kirmesabend, und lässt sich dabei über Lindenholzhäuser Parteigenossen aus. In einem Folgebericht an das NSDAP-Kreisgericht in Limburg schreibt Wicker am gleichen Tag ausführlicher über gewisse Parteigenossen und andere Lindenholzhäuser, u.a. auch zu Ludwig Ornstein, und über seine eigene Stellung und Wahrnehmung als Bürgermeister im Ort.

Der Eindruck entsteht, dass so mancher Lindenholzhäuser es nicht so genau mit dem Nationalsozialismus nahm, auch gewisse Gesetze wie den „Flaggenerlass" ignorierte. Insofern spiegelt dieser Bericht ein wenig von der Stimmung in Lindenholzhausen 1937 wider.[139]

---

[137] So hießen die Jahrgänge 85 bis 95 wohl nur in den Jahren 1934-1944, bzw. kann sie nur für diese Jahrgänge so nachgewiesen werden. Dank dem Stadtarchiv Limburg.
[138] Entnommen ist dieser Bericht mit freundlicher Druckgenehmigung des Hessischen Hauptstaatsarchivs Wiesbaden den Akten zum Spruchkammerverfahren von Oskar Wicker, 1946-1947, HHStAW, Best. 520/38 Nr. 50156, bzw. hhstaw_520--bw_nr_3029_0310 - hhstaw_520--bw_nr_3029_0314
[139] Die Rechtschreibung ist im Original belassen worden.

Lahnzeitung

Heimatblatt für Lahn, Taunus und Westerwald

Nr. 268 · 88. Jahrg. / 1937   Dienstag, 16. November

Lindenholzhausen

„Die Kermes es us!" Die Martinikirmes wurde am Sonntag und Montag in der althergebrachten Weise gefeiert. Zum Auftakt zogen die Kirmesburschen – diesmal sieben an der Zahl – am Samstag nachmittag mit Musik durch die Ortsstraßen, um auf das bevorstehende Ereignis aufmerksam zu machen und zum Eröffnungsabend einzuladen. Dieser fand im Saalbau Friedrich statt. In den Gastwirtschaften sah man überall fröhliche Volksgenossen. Nachmittags fand ein erneuter Umzug durch das Dorf statt und im Anschluß daran wurde in vier Sälen der Tanz eröffnet. Die üblichen Ständchen waren schon am Vormittag dargebracht worden. Auf dem Kirmesplatz an der Frankfurter Straße vergnügte sich jung und alt an Karussell, Schiffsschaukel, Schießstand, Würfel- und Spielbuden. Der Abend brachte dann den Höhepunkt. Sämtliche Säle waren voll besetzt. Der Festruf: „Wem es die Kermes? – Die Kermes es us!" erscholl allenthalben, traf jedoch für die Einheimischen nur zum Teil zu, denn soviel Auswärtige wie diesmal wurden wohl noch nicht bei unserer Kirmes gesehen. Der Kegelclub „Gut Holz" veranstaltete am Kirmesmontagmorgen ein öffentliches Preiskegeln, wozu als erster Preise eine Martinigans, als zweiter ein Blumentischchen, weiter; Kaffeeservice, Aktenmappe, 1 Flasche Wein, Zigarren und Zigaretten ausgegeben wurden. Der Montag abend brachte dann unter Teilnahme fast nur Einheimischer den Beschluß des dörflichen Festes.

N.S.D.A.P.
Ortsgruppe   Lindenholzhausen, den 1.Dezember 1937
Lindenholzhausen
An das N.S.D.A.P. Kreisgericht Limburg.

Betrifft: Bericht über die Vorgänge am Sonntag, den 14.11.1937 im
Saale Arthen Lindenholzhausen (Einspruch der Pg[140]. Clemens
Stein, Alois Rompel & Josef Rompel[141])

Am fraglichen Tage war hierselbst Kirchweih & Tanzmusik im Saale
Arthen hier. Ich war dortselbst mit meiner Familie, dem Obersturmführer Pg. Janz, dessen Ehefrau Pgin. Janz, einem Bruder & einer
Schwester des Pg. Janz, sämtlich ebenfalls Parteigenossen & Partei-
genossinnen. Gegen 12 Uhr, es kann auch noch etwas später gewesen
sein, kamen die Familien Pg. Clemens Stein, Pg. Alois Rompel, Pg.
Josef Rompel, Pg. Alfons Fachinger, SA.Mann Alex Heun und der Friseur Josef Fachinger[142] nebst Frau ebenfalls in den Saal. Der Letztere
hatte ein Taschentuch um den Kopf gebunden und machte die ganze
Gesellschaft den Eindruck, als sei schon viel getrunken worden. Im
Saale war eine recht fröhliche Stimmung. Gegen 2 Uhr tanzte ich mit
der Ehefrau des Pg. Stein und sah während des Tanzes, dass der Pg.
Stein mit einem jungen Manne eine Auseinandersetzung hatte. Ich
ging sofort zu Stein hin und frug dort was es gäbe. Stein erklärte mir,
der junge Mann belästige die Leute und habe mit schießen gedroht.
Bei dem jungen Manne handelte es sich, wie ich später festgestellt
habe, um den etwa 18 jähr. Josef Kitzinger aus Limburg. Dieser war
stark betrunken und gab dem Stein überhaupt keine Antwort. Stein
setzte sich bei seinen Verwandten an den Tisch, während der Kitzinger stehen blieb. Infolge der Betrunkenheit des Kitzinger schwankte

---

[140] Pg. ist die Abkürzung für Parteigenosse der NSDAP.
[141] Gemeint sind hier die „Scholdesedickisch" – Brüder Alois Georg Rompel (1909-
1976) und Josef Heinrich Rompel (1901-1978).
[142] Der, wie schon im Kapitel über die Ornsteins erwähnt, ein gutes Verhältnis zu dem
jüdischen Dentisten Ludwig Ornstein pflegte.

selbiger etwas, wobei von seiner Zigarre Asche auf den Tisch fiel. Der Verwandte des Stein schimpfte hierüber, und plötzlich sprang der Pg. Stein wieder auf, packte den Kitzinger und schleifte denselben durch den Saal nach dem Ausgang zu. Kitzinger wehrte sich in keiner Weise. Am Saalausgang angekommen, standen dort 4 Einwohner von Lindenholzhausen, die ohne weiteres auf den Kitzinger einschlugen, denselben traten u.s.w. Da die Türe verschlossen war, konnte Kitzinger nicht aus dem Saale. Der Pg. Richard Kaiser welcher ebenfalls dabei stand, versuchte die Tür zu öffnen und als ihm dies gelang, zog er den Kitzinger hinaus. Vor der Türe, also im Hofe wurde Kitzinger, der sich gar nicht wehrte, auch wohl in seiner Betrunkenheit gar nicht wehren konnte, fort, bis ich dazwischen trat und Ruhe gebot. Ich nahm den jungen Kitzinger mit in die Gastwirtschaft, stellte dort den Namen fest & untersuchte denselben auf Waffen. Eine Schießwaffe war nicht in dessen Besitz. Kitzinger weinte und sagte, er habe überhaupt nichts mit den Leuten gehabt. Die Anwesenden in der Gastwirtschaft nahmen für den geschlagenen Kitzinger Partei und verwarfen allgemein, die flegelhafte Behandlung des Jungen Kitzinger, darunter auch ein Bruder der beiden Pg. Rompel. Ich wollte jeden weiteren Streit vermeiden und gab Kitzinger den Rat, nach Hause zu gehen. Zu diesem Zwecke veranlasste ich Kitzinger zum Abholen seines Mantels mit in den Saal zu kommen. Kitzinger hatte Angst und glaubte er würde nochmals verprügelt. Nach langem Zureden ging selbiger erst mit. Als ich die Gastwirtschaft mit Kitzinger verlassen wollte, kam der Pg. Clemens Stein schon wieder und fing an. Ich gebot demselben als Ortspolizei nun endlich Ruhe zu halten & erklärte ihm es sei jetzt genug. Stein war hierbei gegen mich ausfallend. Da derselbe nicht ruhig war, und er meiner wiederholten Aufforderung nicht Folge leistete, ermahnte ich denselben weiter und drohte ihm, wenn er so weiter randalieren würde, müsste ich ihn abführen lassen. In der Gastwirtschaft hatte Stein sodann Streit mit dem Bruder des [Blatt 2] Pg. Rompel, so dass Rompel dem Stein drohte, er wolle ihn aus dem Fenster werfen. Während dieser Zeit ging ich mit dem Kitzinger in den Saal und holte dessen Mantel. Der Pg. Obersturmführer Janz ging sodann mit Kitzinger bis vor das Dorf Lindenholzhausen.

Als ich in den Saal zurückkehrte, kam Stein wieder und fing wieder an, sodass der Pg. Alfred Janz dazwischen trat. Hierauf kam der Pg. Alois Rompel und nahm gegen mich Stellung. Er schrie mich an, wenn in Lindenholzhausen einer mit Schießen droht, dann wird er verhauen u.s.w. Ich erklärte demselben er solle sich nicht um Dinge bekümmern, die ihn nichts angingen und solle jetzt endlich Ruhe wahren. Destomehr schrie Rompel und nahm gegen mich Stellung ein, sodass alle jeden Augenblick dachten, es giebt eine Schlägerei. Alois Rompel stand mit gezogener Hand vor mir. Ich bot wiederholt Ruhe. Schließlich ging Alois Rompel auf seinen Platz zurück, stellte sich dort auf seinen Stuhl und schrie in den Saal, "was sagt ihr dazu", wenn einer mit Schießen droht, dann wird er verhauen. Er sprach noch eine ganze Weile, doch gingen mir die Worte verloren, da mittlerweile ein großer Tumult entstanden war. Alles schrie bravo und lachte dazu. Es wurde weiter gerufen "Secker" u.s.w. Die Leute am Nachbartische hörten; wie der Pg. Josef Rompel wiederholt sagte, "wir lassen uns von einem Secker nicht dirigieren." (Zeuge Pg. Richard Kaiser)

Mittlerweile war der Pg. Peter Janz zurückgekehrt und ebenfalls der Gend. Meister Pg. Schwarz. Letzterer war von meinem Kraftwagenfahrer Partei-Anwärter Hch. Jung-König gerufen worden. Der Pg. Alois Rompel versuchte nun sofort den Pg. Alfred Janz für sich zu gewinnen. Die Parteigenossin Franziska Janz gab ihm aber die nötige und verdiente Antwort. Die Gendarmen wollten sofort einschreiten, doch bat ich selbige, vorerst abzusehen, da es sich um Parteigenossen handele. Es wurde sodann Feierabend geboten.

Als Zeugen gebe ich an:
Pg. Franziska Janz geb. Sahl,
Pg. Helena Janz, aus Schwickershausen
Pg. Alfred Janz, aus Schwickershausen, SA. Obertruppführer.
Pg. Peter Janz, Obersturmführer
Pg. Richard Kaiser, Lindenholzhausen

Partei-Anwärter: Hch. Jung-König
"   "   Frau Babette Wicker, Ortsfrauenschaftsleiterin
Die beiden letzteren, wenn selbige als Partei-Anwärter gehört werden können.

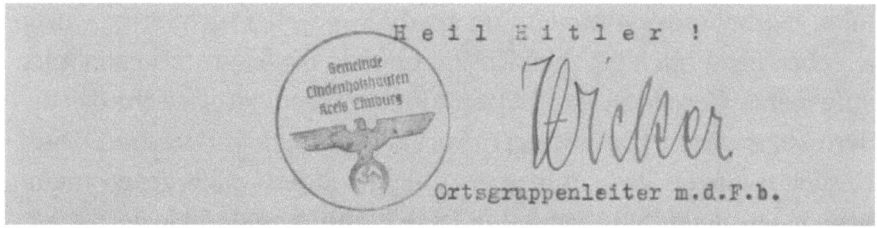

Heil Hitler!

Ortsgruppenleiter m.d.F.b.

[143]

An das

N.S.D.A.P. Kreisgericht   Lindenholzhausen, den 1.Dezember 1937
Limburg.
Bericht: über die Parteigenossen Clemens Stein, Alois Rompel & Josef Rompel, Lindenholzhausen im Zusammenhang mit den Vorgängen am 14.11.37.

Die in meinem Bericht vom 1.12.37. angeführten Vorfälle wurden meines Erachtens nicht wegen dem Vorfall in der Gastwirtschaft Arthen hervorgerufen, sondern haben einen tieferen Grund und zwar:
Obwohl ich schon seit 1919 in Lindenholzhausen wohne, werde ich auch heute noch in Lindenholzhausen als Fremder betrachtet. Auch als Bürgermeister kaum anerkannt, weil dieses Amt seit Urzeiten von einem Landwirt[144] versehen wurde. Hinzu kommt noch, dass der frühere Bürgermeister auf Grund seiner politischen Einstellung als Zentrumsmann, sein Amt aufgeben musste.[145] Ein weiterer Grund

---

[143] Die militärische Abkürzung m.d.F.b. bedeutet *mit der Führung beauftragt*.
[144] Gemeint sind damit die Bürgermeister Georg Rompel (1913-1934), Johann Georg Rompel (1896-1905), Johann Georg Rompel (1854 bis 1868)
[145] Georg Rompel, Bürgermeister von 1913-1934, 1945, schreibt, dass er seinen Dienst niedergelegt habe. Das klingt freiwillig, wird aber unter Druck geschehen sein. Denn als Zentrum-Bürgermeister war er nicht länger haltbar.

meiner Ablehnung ist darin zu suchen, dass ich mit meiner ganzen Familie aus der Kirche ausgetreten bin, darüber hinaus aber die nationalsozialistischen Gesetze & Anordnungen zur Anwendung brachte und diese zur Durchführung brachte. Es wurde wiederholt versucht mich hierbei umzustimmen und als dies im guten nicht ging, wurde ich eben persönlich herabgewürdigt und die Bevölkerung gegen mich aufgehetzt. Gerade in den letzten Monaten löste ein Gericht das andere ab, sodass ich gezwungen war, gegen Leute vorzugehen. Diese Gerüchte gingen nicht nur gegen mich, sondern auch gegen meine Frau u.s.w. Jedenfalls war keine Lüge dumm und dreckig genug, um uns angehängt zu werden. Zum Beispiel wurde meiner Frau nachgesagt, sie habe den Frauen der Ortsfrauenschaft zur Pfundsammlung gesagt, die Häuser des Bürgermeisters[146] und dessen Schwiegersöhne und Söhne sollten bei der Pfundsammlung übergangen werden. Die dieserhalb angestellten Ermittlungen des Gend.Meisters Schwartz füge ich hier bei. Aus diesen Vernehmungen geht einwandfrei hervor, dass dies Gerede aus der Luft gegriffen war. Trotz dieser einwandfreien Feststellung hat der Pg. Alois Rompel dem Pg. Peter Janz gegenüber, nach dem obigen Vorfall noch erklärt, es sei doch nicht recht von meiner Frau gewesen, dass sie das Sammeln in diesen Häusern verboten habe, obwohl ich das Ergebnis den Amtsleitern bekannt gegeben hatte.

Als diese Gerüchte nichts nützten, versuchte man es durch Geschäftsschädigung. Weiter erklärte man meiner Frau und mir, wir möchten doch die Aemter niederlegen, meine Frau sei mein Untergang u.s.w. Immer wieder wurde das Vertrauen der Bevölkerung untergraben, indem man äußerte, wir seien gegen die Kirche eingestellt. Immer wieder konnten wir hören, dass ich ja nicht so schlimm sei, aber meine Frau würde dabei den Ton angeben. u.s.w. Auch auf Grund des obigen Vorfalles hat der Bruder der Pg. Rompel im Dorf erzählt, ich habe

---

[146] Wohl ein Freud'scher Versprecher, dass Wicker Georg Rompel als Bürgermeister und nicht als ehemaligen Bürgermeister benennt.

seine Brüder und den Stein nur ausgeschlossen, weil diese mir zuviel in die Kirche gingen.

Gerade von einem Teil früherer Parteigenossen wie Eduard Stein, Jakob Traudt, Eduard Simonis u.s.w. konnte man eine Hetze feststellen. Der frühere Pg. Eduard Stein hatte schon vor der Kirchweih sich geäußert, an Kirmes rappelts. Wenn man dann hierbei berücksichtigt, dass die Pg. Rompel die Vettern des Eduard Stein sind und vor ganz kurzer Zeit der Pg. Josef Rompel mir gegenüber noch erklärte, dass Eduard Stein ein echter Nationalsozialist sei, obwohl derselbe aus der Partei ausgetreten, seinem Sturmführer gegenüber erklärte er solle ihn am Asch lecken, ferner ein Reiterdiplom vor dessen Augen zerriss und demselben vor die Füße warf u.s.w. dann findet man Zusammenhänge, die beachtet werden müssen. Hier scheint die Explosion zu früh und zur falschen Zeit erfolgt zu sein.

Weiter bitte ich zu berücksichtigen, dass der Friseur Josef Fachinger in engster Freundschaft mit den Pg. Rompel und Stein stand, obwohl ich diesen ablehnte weil selbiger sich noch in diesem Jahre von dem jüdischen Dentist Ornstein die Zähne behandeln lies und darüber hinaus den Stürmer ablehnte und zwar nicht nur den Kauf, sondern auch den kostenlosen Aushang in seiner Rasierstube. Trotzdem ich dies in den Amtsleitersitzungen bekannt gegeben, gehen diese Amtsleiter & Pg. Arm in Arm mit demselben.

[Blatt 2] Meine Arbeit auf diesem Gebiete wird hiermit sabotiert und unmöglich gemacht.

Dass meine vorstehenden Vermutungen bezüglich des Zusammenhanges mit dem Eduard Stein, Eduard Simonis u.s.w. richtig sind, dürfte seine Bestätigung darin finden, dass der Pg. Alois und Josef Rompel am 23.11.37 abends mit dem Eduard Stein zu dem Eduard Simonis gingen. Auch möchte ich nicht unerwähnt lassen, dass die Rompel mit dem früheren Bürgermeister Rompel verwandt sind.

Vor einigen Wochen, es kann am 11. Oktober ds. Jhrs. gewesen sein, wurde ich abends von dem Pg. Frz. Schickel angerufen und gebeten, einmal in die Wirtschaft Röther hier zu kommen. Als ich dorthin kam, war dort beim Pg. Schickel, der Justizanwärter Hch. Fachinger und der frühere Pg. Eduard Stein. Pg. Schickel tat sehr wichtig und sagte er müsse mir unbedingt mal etwas sagen. Wir gingen zu diesem Zwecke in das hiesige Rathaus. Dort erzählte mir Schickel dann im Beisein, der oben genannten, er sei mit der Politik die hier betrieben würde, nicht zufrieden, er meine es gut mit mir und wolle mich darauf aufmerksam machen. Unter anderem wollte er auch wissen, wer in der Gemeinde Lindenholzhausen I.Beigeordneter würde. (Es ging auch hier das Gerücht im Dorf herum, der Pg. Albert Simonis würde I.Beigeordneter, obwohl derselbe gar nicht vorgeschlagen war) Ich klärte den Pg. Schickel dementsprechend auf. Es gab eine sehr laute und unerquickliche Unterhaltung wegen dem Bauernführer und besonders wegen der Ortspolitik. Pg. Schickel erklärte in Lindenholzhausen hätten die guten Steuerzahler nichts mehr zu sagen und die ärmeren und schlechten Steuerzahler würden das Kommando führen und anderes mehr. Ich erwiederte dem Pg. Schickel, dass ich jederzeit die Verantwortung über meine Gemeindepolitik übernehmen würde und diese auch selbst dem "Führer" gegenüber vertreten könnte, und als die Aussprache zu laut wurde, brach ich diese einfach ab. Bezeichnend für mich war, dass der frühere Pg. Eduard Stein dabei eine Rolle spielte. Für mich ist es ganz selbstverständlich, dass ich jeden Volksgenossen höre und nicht nur die Reichen und Wohlhabenden. Es handelt sich hierbei wie immer um persönliche Angelegenheiten. So kam der Vater des Stein jetzt zu mir und wollte 2 Morgen Gemeindeland in Pacht haben. Stein hat einen Erbhof und bebaut 36 Morgen Land. Die zwei Morgen frei gewordenes Land hatte ich für einen jungen Bauern mit 2 kleinen Kindern vorgesehen, der 18 Morgen Land bebaut und nunmehr durch die Autobahn[147] davon noch 3 Morgen verliert. Stein gab mir zur Antwort, dass meine Verteilung nicht im Interesse des Vierjahresplanes liege, weil dieser junge Bauer das Land nicht so bestellen könne als er, oder sonst ein reicherer Bauer, und wenn er das Land nicht bekäme, würde er nichts mehr abgeben.

---

[147] Der Autobahnabschnitt zwischen dem heutigen Wiesbadener Kreuz und der Anschlussstelle Limburg-Nord, und damit Teil der Gemarkung Lindenholzhausen, wurde am 23. September 1939 dem Verkehr übergeben.

Weiter dürfte die nachstehend aufgeführte Schilderung der fraglichen Pg. ebenfalls eine wesentliche Rolle bei der Beurteilung der Parteigenossen Stein, Alois und Josef Rompel spielen:

Pg. Clemens Stein war vor der Machtübernahme eine Hauptpersönlichkeit im Windhorstbund[148] und musste bei der Aufnahme in die Partei 30.-Rmk. Eintrittsgeld bezahlen, weil er als sehr unzuverlässig betrachtet wurde. Ich verweise auf die beigefügten früheren Akten und Beschwerden gegen denselben. Er zeigte sich immer wieder sehr disziplinlos. Noch am 13.11.37 hatte derselbe in der Gastwirtschaft Arthen Streit mit dem Pg. Josef Otto. Wie mir Otto erzählte, verlangte Stein von ihm, dass er ihn als Kassenleiter zuerst zu grüssen hätte. Es wäre dort ebenfalls zur Schlägerei gekommen, wenn nicht der SA. Scharführer Joh. Eichhorn dazwischen getreten wäre und Ruhe gestiftet hätte. [Blatt 3]

Pg. Alois Rompel, SA.Truppführer, war vor der Machtübernahme Fahnenträger der kath. Jungschar. Er hat sehr starke kirchliche Bindungen und hat noch in diesem Sommer den SA. Dienst an einem Sonntag verweigert mit der Begründung, er ginge erst in seine Kirche. In der Mitgliederversammlung am 29.10.1937 brachte derselbe die Sprache auf die Butterverteilung. Er berichtete in ganz ausfallender Weise, dass ein schwerarbeitender Mann mit der jetzigen Butter nicht auskommen könne. Der Beschwerde lag zu Grunde, dass ich in der Butterverteilung einen Mißstand beseitigt hatte, wobei ein Teil der Bevölkerung pro Kopf bei dem Händler Dornoff hier 1/2 Pfd. Butter bekommen hatte, während in anderen Geschäften auf pro Kopf 1/16 Butter kam. Da nun Rompel bei dem Händler Dornoff seine Butter bekommen hatte, wurde er nunmehr etwas geschmälert. Er stritt sich hierbei mit dem Pg. Bachem, den ich ebenfalls als Zeuge zu hören bitte, weil dieser meine gerechte Butterverteilung, als richtig anerkannte. Weiter hat der Pg. Alois Rompel bei mir den von mir zur Aufnahme in die Partei abgelehnten Rektor Otto, als den besten

---

[148] Der Windthorstbund war die Jugendorganisation der (katholischen) Zentrumspartei, welcher der Großteil der Bevölkerung Lindenholzhausens zuneigte.

Nationalsozialisten bezeichnet, trotzdem ich ihm erklärte, dass Otto mit seinem Gehalt die Aufnahme seiner Frau ins Frauenwerk ablehnte, mit der Begründung er habe kein Geld dafür. Ausserdem habe derselbe im Beisein des Pfarrers es nicht für nötig gefunden mit "Heil Hitler" zu grüssen. Rompel meinte sogar der Rektor Otto habe derartige gute Ansichten, warum man diesen Mann nicht einmal sprechen lasse. (Gemeint sind die guten Ansichten in Bezug auf die Religion) Rompel ist heute noch Mitglied des Kirchenchors.

Als meine Frau die Ehefrau des Rompel fürs Frauenwerk werben wollte, war Rompel ebenfalls sehr ausfallend. Er erklärte, er lässt sich von niemanden Vorschriften machen wo seine Frau hingehen soll. Auf alle Fälle ging dieselbe nicht ins N.S.Frauenwerk.

Pg. Josef Rompel: Mitglied seit 1.5.33.

Derselbe kann sich nach 4 Jahren noch kein Braunhemd kaufen, angeblich hat derselbe kein Geld dafür, obwohl er kaum arbeitslos war und ausserdem noch 5 Morgen Land besitzt, das er auch selbst bebaut. Er arbeitet als Schmied bei der Fa. Pflugfabrik Wagner hier. Er hat 1 Kind im Alter von 8 Jahren. Als ich ihn wiederholt hierzu aufforderte hat derselbe gegen die Löhne, und die Beamtengehälter Stellung genommen. Man solle die Arbeiter erst mal richtig bezahlen. Auf fast jeder Sitzung trat Pg. Rompel als Sprecher auf und hatte gegen alles etwas einzuwenden.

Gegen den Flaggenerlass der Reichsregierung[149] nahm Rompel ebenfalls in einer Amtsleitersitzung Stellung und sagte "dies sei nicht richtig". Als ich die Anordnungen der Reichsregierung für die Pflichtfeuerwehr auf einer Gemeindeversammlung und auf Antrag des Herrn Landrat bekannt gab, nahm Rompel ebenfalls hiergegen Stellung und hetzte den ganzen Saal gegen mich. Besonders war es der § dass Beamte nicht zur Pflichtfeuerwehr herangezogen werden können.

Im Auftrage des Herrn Landrats musste ich in diesem Jahre die Kosten der Mannviehhaltung auf die Beteiligten umlegen. In einer

---

[149] „Mit dem Reichsflaggengesetz vom 15. September 1935 wurde die Hakenkreuzflagge als einzig gültige Reichs- und Nationalflagge sowie als Handelsflagge festgelegt." In: https://de.wikipedia.org/wiki/Reichsflaggengesetz

Bauernversammlung war es wiederum Rompel der hiergegen Stellung nahm, dasgleiche auf der Amtsleitersitzung. Anstatt die Bevölkerung aufzuklären und diese Mahsnahmen der Reichsregierung zu unterstützen, wurden diese von Rompel bekämpft. Auch Josef Rompel stand mit dem Rektor Otto auf sehr gutem Fuße und hatte, nach den eigenen Angaben des Rektor Otto, öfters mit diesem Aussprachen wegen der Religion. X

„... DEN NATIONALSOZIALISMUS NICHT SO BEWERTET"
ERINNERUNGEN AN DIE JAHRE 1933 – 1945

EIN GESPRÄCH MIT JOSEF FACHINGER (1932-2021)[150]

Was ist deine früheste Erinnerung an deine Kindheit?
Eigentlich müsste ich sagen, beim Aufwachen unterm Bett der Eltern. Wie ich unters Bett kam, weiß ich nicht. Die Eltern waren ausgegangen und haben mich unterm Bett herausgezogen. Ich glaube ich war 4-5 Jahre alt.

Wie hast du den 1.9.1939 als Kind erlebt?
Von der Kriegserklärung an Polen habe ich nichts mitbekommen.

Hattest du Angst vor dem Krieg?
Es war sicher noch keine Erkenntnis über Krieg bei mir vorhanden. Wir hatten zu dieser Zeit den Panzergrenadier Fritz aus Bayern im Haus einquartiert und der war ein lieber, fröhlicher Mensch.[151]

Wie war es als dein Vater als Soldat eingezogen wurde?
Mein Vater war nie Soldat gewesen. Er war nach dem Frankreichfeldzug in die Nähe von Paris als Angestellter der Deutschen Reichsbahn abgestellt worden. Dort war er bis zu seiner Krebserkrankung.

Wie wurde in eurem Haus über Hitler gesprochen?
Ich kann mich an keine Diskussion oder Gespräche über Hitler erinnern.

Warum und wie bist du in die Hitlerjugend gegangen?
Durch die Schule bin ich in die Hitlerjugend eingetreten. Zum Turnen sind die Buben unserer Klasse mit unserem Lehrer Lang zum Sportplatz marschiert und haben unterwegs gesungen. Die Mitglieder der Hitlerjugend waren Jungen bis zum Volksschulabgang. Die

---

[150] Die Interviewfragen wurden in großen Teilen schriftlich von April bis Oktober 2020 beantwortet. Ein ergänzendes Gespräch zwischen meinem Vater („Zoawwels Jupp") und mir, Marc Fachinger, fand am 3. Februar 2021 statt.
[151] Vgl. auch die Bemerkungen und Foto zu den Einquartierungen von 1939-1945.

Scharführer waren etwas älter aber keine NS-Anhänger. Die älteren Jungen waren bis zum Arbeits- und Wehrdienst als Flakhelfer eingesetzt. Ich erinnere mich an ein Ferienzeltlager in Geilnau bei Balduinstein. Einige Jüngere hatten Heimweh und wurden von Angehörigen abgeholt. Es war schon etwas NS-Geist dabei. Das Tischgebet war „Ess fress und schmatz bis dir der Nabel platzt". Mit schwimmen in der Lahn und Geländespiele hatten wir eine schöne Zeit. Schießübungen oder paramilitärische Übungen gab es nicht.

War dir bewusst, dass in Lindenholzhausen Juden leben?
Bewusst war es mir nicht und ich bin davon ausgegangen, dass damals keine Juden in Lindenholzhausen lebten.

Wie offen war der Umgang in Lindenholzhausen mit Fragen zu Hitler?
Über Politik wurde in der Familie nicht gesprochen. Zu Führers Geburtstag wurden die Fahnen herausgehängt, aber große Kundgebungen im Dorf waren mir nicht bekannt.

Wann hast du zum ersten Mal das Wort „Hadamar" gehört?
Im Dorf gab es schon mal die Bemerkung, wenn du das machst kommst du nach Hadamar. Mir war es in der fraglichen Zeit nicht bekannt, dass Juden in Hadamar verbrannt wurden.[152] Hadamar war als Irrenanstalt bekannt.

Fiel der Name Bischof Hilfrich in dieser Zeit?
Ja, die von der Mutter vom Bischof Hilfrich abstammenden Verwandten waren Lindenholzhäuser.

---

[152] In der Mehrzahl wurden keine Menschen jüdischen Glaubens in Hadamar ermordet. Es waren vor allem Menschen mit (scheinbaren) Beeinträchtigungen und Krankheiten.

War die Angst da, dass Franz[153] mit seiner Behinderung eventuell auch von den „Grauen Bussen"[154] abgeholt werden würde?

Vielleicht latent bei unserer Mutter aber bei meiner Schwester und mir nicht. Franz war beliebt im Dorf wegen seiner Fröhlichkeit. Die Leute im Dorf, die mit den Hintergründen bekannt waren haben es nicht gezeigt. Ich hatte den Eindruck, dass einige wohlmeinende Männer im Dorf die Mutter besucht und beruhigt haben.[155]

Wie wurde in deiner Klasse und von deinen Lehrern über die aktuelle Zeit gesprochen?

In der Volksschule und im Gymnasium in Limburg wurde weniger über Partei und Parteigenossen gesprochen. Das Fach Religion gab es allerdings nicht mehr. Pfarrer Schermuly war ganz unpolitisch. Ich kann mich nicht erinnern, dass er sich kritisch über Hitler geäußert hat. Im Frühjahr bis zum Herbst ging er an unserem Haus vorbei in seinen Garten und hat dort während des Abgehens des Gartenweges sein Brevier gebetet.[156]

Wie war das mit den Bombennächten in Lindenholzhausen?

Der Keller wurde mit Rundhölzern zu einem Luftschutzbunker umfunktioniert. Das wurde durch ein Schild neben dem Hauseingang bekannt gemacht. „Schutzraum für 7 Personen". Anfangs flogen die Bomber nachts in großer Höhe über uns Richtung Frankfurt zum dortigen Bombenabwurf. Nach 1944 flogen sie auch bei Tage niedriger und warfen ihre Bomben auf kleinere Ziele ab. Wir waren bei der

---

[153] Der Bruder Franz Fachinger (1937-2002) hatte eine leichte körperliche und geistige Behinderung.

[154] In grau angestrichenen Bussen wurden Menschen, welche als „lebensunwert" galten, u.a. in die Gaskammer von Hadamar gebracht und verbrannt.

[155] Ich vermute hier auch eine Verbindung zur SA-Angehörigkeit des Vaters meines Vaters, Josef Fachinger (1899-1941) und entsprechendem „Schutz".

[156] Diese Einschätzung eines völlig unpolitischen Pfarrers Schermuly wird auch von anderen Zeitzeugen geteilt. Werner Jung schreibt auch von dem „sonst so trägen Hochwürden". Werner Jung, Glück gehabt, 68. Vgl. auch Schermulys Bericht in diesem Buch.

Kartoffelernte in der Nähe von Linter als einige Bomber in niedriger Höhe über uns flogen und kurz darauf Detonationen und Erschütterungen spürbar waren.

Maria, Franz und Josef Fachinger im Sommer 1940 vor dem „Schutzraum"-Schild

Am Abend erfuhren wir, dass im Ausbesserungswerk in Limburg und Umgebung ein größerer Bombenabwurf mit Toten und Zerstörungen erfolgt war. Für Lindenholzhausen kam das schrecklichste Ereignis im November 1944 mit einem Abwurf von einigen Bomben in der Nähe der Schule mit 4 Toten und der Zerstörung einiger Häuser in der Stiegel - Schul- und Fahnenstrasse.

Wann hast du von der SA-Mitgliedschaft deines Vaters erfahren?

Damals, als er arbeitslos wurde hat er durch die SA Arbeit bekommen. Ein guter Limburger Freund namens Hoffmann, der auch in der SA war, hat ihn wohl dazu gebracht. Das hat die Mutter so erzählt. Sie hat den Nationalsozialismus nicht so bewertet. Und hat alles ohne politischen Hintergrund gesehen. Vom Dorfgeschehen haben wir nicht viel mitbekommen. Die Nachbarschaft war wichtig. [Und die familiären Verbindungen, wäre noch zu ergänzen. Anm.MF]

„HUNGER HABEN WIR NICHT GELITTEN."
ERINNERUNGEN AN DIE JAHRE 1933-1945

ZEITZEUGENGESPRÄCH MIT MARIA ROMPEL GEB. SCHWARZ (1930-2022)[157]

Das Elternhaus steht in der Weed. Maria hat zwei Schwestern - Irmgard geb. 1928 und Regina geb. 1934. Ihr Vater hieß Willi und ist 1898 geboren und ihre Mutter Maria Klara geb. Roos wurde 1904 geboren.

„Wir hatten eine schöne Kindheit und Jugend. Mein Papa hat gesagt: „Wir haben zu essen und zu arbeiten." Wir waren zufrieden. Früher haben wir oft Theater gespielt. Es waren so viele Kinder da. In einem Haus Ecke Sackstraße gab es eine Verkleidungskiste. Ich gehörte mit meinen Freundinnen zu den ersten, die Schlitten fahren durften. Da war ich meiner Mutter so dankbar. Dafür hat sie mir eine Trainingshose gekauft. Diese durfte ich vom Pfarrer aus nicht im Kommunionsunterricht anziehen."

Wie war die Versorgung in dieser Zeit?
Hunger haben wir nicht gelitten. Wir haben Möhren auf dem Feld Richtung Limburg gesät. Da wurde schon auch mal was geklaut... . Mein Vater hat gesagt, wenn er jemanden erwischte: „Du bekommst einen Korb Möhren - aber Du musst fragen!". Wir waren eine Bauersfamilie.

Was weißt Du vom Autobahnbau?
An den Autobahnbau erinnere ich mich nur, dass die Menschen es als Quatsch empfanden. Wir hatten ein Feld auf der anderen Seite der Autobahn. Wenn wir dem Wärter ein Stück Brot mitbrachten, dann durften wir über die Autobahn laufen und mussten nicht den Umweg über die Unterführung nehmen.

---

[157] geb. 04.07.1930, gest. 2022. Das Gespräch fand am 15.03.2021 statt, und wurde von mir Anja Siehoff, nachher aufgeschrieben.

Gab es öffentliche Auftritte von NS-Vertretern?

Da kann ich mich nicht so erinnern. Bürgermeister Wicker ist durch das Dorf gegangen und hat nachgeprüft, ob die Kriegsgefangenen nicht am Tisch der Familie saßen. Bürgermeister Wicker war nicht aus Hollese. Er war kein angenehmer Mensch. Er wollte alles kontrollieren.

Welche Erinnerungen hast Du an Kriegsgefangene und Zwangsarbeitende?

Sie haben bei Franze im Saal geschlafen. Bei uns saß er am Tisch. Wie er hieß, weiß ich nicht mehr. Aber meine Eltern haben ihn in Frankreich mal besucht.

Wann wurde für Dich „Hadamar" bekannt?

Oh - Hadamar wie schrecklich. Wir haben die grauen Busse gesehen und mein Vater sagte: „Die armen Menschen - bald raucht in Hadamar wieder der Schornstein." Wenn wir nachfragten, dann war die Antwort, dass die Menschen dort verbrannt werden. Da wollte ich nie hin. Die armen ausgemergelten Körper - einfach schrecklich.

Was weißt Du zu dem Tag der Befreiung und den Amerikanern?

An den Tag der Befreiung kann ich mich sehr gut erinnern. Da kam die Nachricht und wir sind alle kucken gegangen. Ich bin zur Kirche und dann hinten hoch auf die Außentreppe, die auf die Empore führt. Von da aus habe ich zugeschaut. Wir hatten schon auch Angst. Wir kannten keine Amerikaner und hatten noch nie „Neger" gesehen (O-Ton). Die kamen aus Richtung Limburg. Den Tag der Kapitulation haben wir nicht richtig gefeiert. Der ging einfach so dahin. Ich kann mich auch an keine Feiern erinnern oder dass Menschen getanzt hätten o.ä."

Hast Du Juden in Lindenholzhausen gekannt?

Ob es Juden in Lindenholzhausen gab, weiß ich nicht.

Ist Dein Vater eingezogen worden?

Mein Vater wurde, obwohl er 1898 geboren ist, als Soldat einberufen. Wann genau das war, weiß ich nicht, aber Noll (damals

Nachtwächter) sagte: „Mach Dir nichts drauß Willi, ich habe auch den Einberufungsbefehl erhalten." Mein Vater war in Hadamar stationiert und ist mit dem Fahrrad dahingefahren. Er war nicht an der Front.

Maria Rompel, geb. Schwarz ca. 1937 und 2017

„MEINE ELTERN WAREN STRIKT DAGEGEN."
ERINNERUNGEN AN DIE JAHRE 1933-1945

Zeitzeugengespräch mit Hildegard Preßler, geb. Roos[158]

Welche Erinnerungen hast Du an Deine Schulzeit?
Wir mussten jeden morgen den Hitlergruß machen. Am Ferienbeginn und -ende sollten wir außerdem noch das Deutschlandlied singen und die Fahne hissen. Alle standen im Schulhof. Unser Lehrer war gut katholisch. Im 6. Schuljahr bekamen wir Frau Laux. Das war eine richtige Nazifrau. Sie hat für Hitler geschwärmt und ihn einen „Befreier und Erlöser" genannt.

Wie war die Versorgung in dieser Zeit?
Wir haben keinen Hunger gehabt. Wir haben auch schon mal ein Schwein oder Kalb schwarz geschlachtet. Ellis Klein kam mal zu Gertrud Wagner als diese gerade Fett durchschlug. Sie fragte: „Was macht ihr denn da?". Gertrud Wagner antwortet: „Ei das, was ihr letzte Woche gemacht habt."

Was weißt Du vom Autobahnbau?
Als die Autobahn gebaut wurde, haben wir viel Land verloren. Das war noch vor dem Krieg. Ich erinnere mich noch an ein Bähnchen. Das ist von der Kieskaute bis zur Baustelle oberhalb des Dorfes gefahren. Dort waren Schienen. Die Bahn hatte mehrere Anhänger. In einem Sommer sind von dort Funken geflogen und haben die Hausten[159] angezündet. Unsere Frucht und die vom Nachbarn brannte. Das war schlimm.

Welche Erinnerungen hast Du an Bürgermeister Wicker?
Er kam mal zu meinen Eltern und sagte, ich solle in den BDM gehen. Ich bin die Älteste von vier Geschwistern. Meine Eltern waren strikt

---

[158] geb. 04.05.1927. Das Gespräch mit mir Anja Siehoff wurde am 20.04.2021 geführt.
[159] auf dem Feld zusammengestellte Heu- oder Getreidehaufen.

dagegen und haben dafür auch auf das angebotene Kindergeld verzichtet.

Welche Erinnerungen hast Du an Kriegsgefangene und Zwangsarbeitende?

Als mein Vater im Krieg war, hatten wir zwei Polen. Sie hießen Stanislaus und Stefan und schliefen bei Franze im Saal. Wir haben ihnen einen extra Tisch hingestellt, weil wir die Sorge hatten, denunziert zu werden, wenn jemand gesehen hätte, dass sie bei uns sitzen.

Wann wurde für Dich „Hadamar" bekannt?

Ich kann mich nicht an einen der grauen Busse erinnern. In der Nazizeit durfte man nicht darüber sprechen. Dies wurde von den Kindern ferngehalten.

Was weißt Du zu dem Tag der Befreiung und den Amerikanern?

Ich war an diesem Tag mit meiner Mutter in der Scheune und dann haben wir die Panzer gehört. Wir sind an die Straße und dann haben aus der Luke oben Soldaten rausgeschaut. Das Bajonett war aufgepflanzt und ich fand das beängstigend.

Wie war die Zeit danach?

Wir hatten keine Einquartierungen von amerikanischen Soldaten. Die gaben uns Seife und dafür haben wir deren Wäsche gewaschen. Manchmal bekamen wir Schokolade. Eine Freundin hat ein Kind von einem Amerikaner bekommen. Wir waren ja noch so jung. Sie wurde nicht ausgegrenzt.

Hast Du Juden in Lindenholzhausen gekannt?

Familie Ornstein kannte ich dem Namen nach. Wir waren dort nicht in Behandlung.

Ist Dein Vater eingezogen worden?

Mein Vater ist 1939 eingezogen worden und kam am 19.März 1940 wieder. Er war im ersten Weltkrieg und hatte einen Lungenschuss. Ab da konnte er zu Hause bleiben.

Hildegard Pressler, geb. Roos – (oben:) um 1941 und (unten:) 2020

„MAMA WAR AM 09.NOVEMBER 1938 IN LIMBURG. SIE KAM GESCHOCKT HEIM." ERINNERUNGEN 1933-1945

Zeitzeuginnengespräch mit Maria Heun geb. Jung-König (+) und Rita Rompel geb. Jung-König[160]

An was erinnerst Du Dich als erstes, wenn Du an die Zeit denkst?

Es war schon eine traurige Zeit. Die Menschen waren oft ernst. Oft habe ich junge Frauen in schwarz gesehen. Die haben geweint, weil sie ihren Verlobten verloren haben. Die ausgebombten Mitschülerinnen waren schon viel ernster als wir. Da hat man gemerkt, dass sie Schlimmes erlebt haben."

Hast Du Juden in Lindenholzhausen gekannt?

Mama war am 09.November 1938 in Limburg. Sie kam geschockt heim. Sie hat gesehen, wie Schaufenster eingeschlagen und Federbetten aufgeschlitzt wurden.

Wie war die Freizeitgestaltung für Dich?

In die Gruppenstunde zu Frau Preuss[161] durfte ich gehen. Papa sagte: „Dann geh da mal hin." - als Alibi. Das hat mir als Kind schon gefallen. Es wurden Lieder gesungen und die Uniformen mit den weißen Blusen fand ich schön. Ansonsten war Papa dagegen. Eine Uniform habe ich nicht bekommen.

Ich bin auch auf Sportfeste gegangen. Wenn wir uns aufgestellt haben, stand ich immer in der ersten Reihe. Ich hatte hellblonde Haare und sah typisch deutsch aus. Die Feste waren in Balduinstein und Gaudernbach. Da gab es schon auch Hakenkreuzfahnen und wir haben gesungen. Das hat mir gefallen. Ich habe das nicht überblickt.

---

[160] Maria Heun (21.03.1931 – 09.08.2023), Rita Rompel (geb. 11.06.1936). Das Gespräch mit Anja Siehoff fand am 5.4.2022 statt).
[161] Hier handelt es sich wohl um Maria Preuss, geb. 6.6.1904, wohnhaft seinerzeit in der Fahnenstr. 5. Sie war in NS-Frauenwerk und NS-Frauenschaft tätig.

Was fällt Dir dazu noch ein?

Anneliese Brocks war meine Freundin. Manchmal durften wir zum Onkel Bischof gehen. Wir haben seinen Ring geküsst und er hat uns über den Kopf gestreichelt. Danach durften wir noch in den Bischofsgarten und die Kapläne haben mit uns gespielt. Das war im Krieg.

Ist Dein Papa eingezogen worden?

Papa war beim DRK Mitglied und ist schon vor dem Krieg als Sanitäter eingezogen worden. Er musste gleich mit auf den Polenfeldzug. Als ich 1941 zur Kommunion ging, konnte er nicht kommen, obwohl er gerade in Niedershausen bei Weilburg war. Er war in Alarmbereitschaft. Und auf einmal stand er doch in der Tür. Die Mutter war ganz aufgeregt. Sie hatte Angst, dass er verhaftet würde. Sie sagte zu ihm: „Du kannst nicht mit in die Kirche gehen." Darauf antwortete Papa: „Das ist mir egal."

Welche Erinnerungen hast Du an Kriegsgefangene und Zwangsarbeitende?

Wir hatten auch Kriegsgefangene, die geholfen haben. Sie waren bei uns und bei Onkel Willi. Gewohnt haben Sie bei Franze.

Wie haben sich die Erwachsenen verhalten?

Papa hat gegen Ende des Krieges desertierten Soldaten geholfen. Er hat sich mit anderen im Schaad getroffen und dort haben sie sich besprochen. Papa hat den Soldaten den Weg gezeigt. Da kam mal jemand, der gesagt hat: „Ich brauche Hilfe." Das war dann eine ganze Gruppe von Männern. In der Scheune hatten wir ein Silo mit Zuckerrübenblättersilage. Das war geteert. Dort haben sie übernachtet und ich habe ihnen zu essen gebracht.

An was erinnert Ihr Euch, wenn Ihr an das Kriegsende denkt?

In Brechen gab es ein Wehrmachtslager. Da hat sich kurz vor Kriegsende keiner mehr richtig gekümmert. Leute haben es gestürmt. Das war an einem Abend und da herrschte richtiges Chaos. Die Menschen haben Reissäcke aufgeschlitzt.

Außerdem gab es dort den „Brecher Zwirn". Der war ganz stark.

Aus großen weißen Taschentüchern wurden Tischdecken und Kleidung genäht. Militärmäntel wurden aufgetrennt. Mullbinden haben wir zu Fäden gemacht. Daraus haben wir Kniestrümpfe mit Lochmustern gestrickt."

Was wollt Ihr sonst noch erzählen?

Rita erzählte abends schon Fortsetzungsgeschichten für ihre Geschwister. Das begann zum Ende des Krieges.

(oben, v.l.n.r.) Rita, Margret, Jakob und Maria Jung-König, um das Jahr 1938

(unten links) Maria und Rita

LINDENHOLZHÄUSER SOLDATEN IM II. WELTKRIEG

von Johannes Otto

An die 150 Männer aus Lindenholzhausen kamen im II. Weltkrieg oder dessen Folgen ums Leben - verstreut fast über die ganze Welt. Wenige überlebende Soldaten der Kriegsjahre 1939-1945 leben noch: Josef Sesterhenn, Josef Götterd, ...

Jeder hatte seine Geschichte in diesem Krieg – als Gefallener, Vermisster oder Überlebender.

Das Ziel, für das sie kämpften war ihnen sicherlich nicht klar, auch wenn sie vage oder vielleicht auch gewisse Vorstellungen für sich hatten: „für die Heimat", „gegen Bolschewismus", „gegen den Feind", „irgendwie überleben".

Hannes Wader singt in seinem Lied „Es ist an der Zeit" von einem gefallenen Soldaten, an dessen Grab er steht. Und er fragt sich an seiner Stelle: „(hast du) deinen wirklichen Feind nicht erkannt bis zum Schluss"?

Mit welchen Gedanken auch immer diese annähernd 150 gefallenen und vermissten Lindenholzhäuser in ihren letzten Lebensminuten beschäftigt waren, was auch immer sie getan haben, nach wem sie geschrien haben, wen sie in ihrem Herzen hatten – es waren Menschen.

Als ein Beispiel erzählen wir im Folgenden aus der Geschichte und von den Feldpostbriefen von Anton „Toni" Löw (1917-1943). Zu einigen anderen Schicksalen haben wir noch eine Fülle an Material, das bislang von uns in der zur Verfügung stehenden Zeit nicht ausreichend aufgearbeitet werden konnte. Von daher planen wir bereits einen zweiten Band zu „Lindenholzhausen 1933-1945", der sich ausdrücklich mit Soldatenschicksalen befasst. Es werden einige von diesen rund 150 gefallenen und vermissten Lindenholzhäuser sein:

ARTHEN Albert + BÄCKER Heinrich + BÄCKER Jakob + BÄCKER Otto + BARTH Albert + BARTH Heribert + BASELT Richard + BECKER Albert + BECKER Hubert + BECKER Jakob + BECKER Walter + BEINHOLZ Ferdinand + BLEUTGE Josef + BRAHM Johann + BRANDENBURG Bernhard + BRESER Georg + BRESER Jakob + BRESER Josef + BRESER Vinzenz + BRUNNER Josef + DERNBACH Friedemann + DERNBACH Georg + DERNBACH Oswald + DERNBACH Rudolf + DICK Edmund + DIEGMANN Heinrich + DITTRICH Friedrich + DITTRICH Wilhelm + DORNOFF Albert + EICHMANN Toni + FACHINGER Alfons + FACHINGER Georg + FACHINGER Richard + FRIEDRICH Adolf + FRIEDRICH Georg + FRIEDRICH Heinrich + FRIEDRICH Heinz + FRIEDRICH Jakob + FRIEDRICH Josef + FRIEDRICH Josef + FRÖHLICH Walter + GABB Hans + GIEHL Friedrich + GÖBEL Heinrich + GÖBEL Willibald + HAMBACH Albert + HEUN Albert + HEUN Bernhard + HEUN Heinrich + HEUN Josef + HICKER Georg + HILFRICH Josef + JANTZ Willi + JANUSCH Alfred + JUNG Alexander + JUNG Georg + JUNG Josef + JUNG Richard + JUNG-DIEFENBACH Heinrich + JUNG-DIEFENBACH Ignaz + JUNG-KÖNIG Heinrich + JUNG-KÖNIG Josef + KAISER Franz + KAISER Georg + KASTELEINER Georg + KLENOVSKY Richard + KLIEBER Peter + KLINGLER Hans + KLINGLER Rudolf + KNEIPP Willi + KOLTER Theodor + KRAL Wenzel Peter + KRÄMER Richard + KRAUS Georg + KRAUS Jakob + KRAUS Willi + KREMER Franz + KREMER Hugo + KREMER Josef + KREMER Wendelin + KUSTER Hans + LANG Herbert + LISCHKE Hermann + LIXENFELD Bernhard + LÖW Alfred + (1943) LÖW Anton + (1944) LÖW Anton + LÖW Vinzenz + LÖW Wilhelm + LUTTENBERGER Friedrich + LUTTENBERGER Stefan + MAIS Josef + MAIS Wilhelm + MARSCHALAK Fr. + MÜLLER Albert + MÜLLER Ewald + MUTH Peter + NEUNZERLING Erich + OTTO Josef + OTTO Willi + PRESSLER Alfred + PRESSLER Josef + PRESSLER Vinzenz + REINBOLD Alexander + REINHOLZ Ferdinand + REINISCH R. + RIES Albert + RÖHRIG Albert + RÖHRIG Leo + RÖHRIG Paul + ROMPEL Josef + ROMPEL Leonhard + ROOS Albert + SCHICKER Anton + SCHICKER Georg + SCHIFFER Helmut + SCHIKORA Georg + SCHMIDT Georg + SCHMIDT Josef + SCHMITT Walter + SESTERHENN Anton + SIMONIS Albert + SIMONIS Reinhold + SIMONIS Willibald + STAUFENBIEL Hans + STAUFENBIEL Rudi + STEIN Bernhard + STEIN Clemens + STEIN Emil + STEIN Georg + STEIN Heinrich + STEIN Josef + STEIN Wilhelm + STEPHAN Anton + STOCKMANN Franz + THUMMER Rudolf + WAGNER Alfons + WAGNER Arthur + WEIDEN Wolfgang + WEIDENBUSCH Josef + WEIDENBUSCH Paul + WEIDENBUSCH Rudolf + WEIER Theo + WILL Albert + WILL Bernhard + ZIMMERMANN Heinrich

FELDPOSTBRIEFE VON „TONI" MARTIN ANTON LÖW (1917-1943)

Vorbemerkung von Marc Fachinger:

Von meinem Großonkel Toni wusste ich von Kindheit an. Er war der jüngste Bruder meines Opas. Als Kind hat mich irritiert, dass er „gefallen" sei. Ich konnte mir schwer vorstellen, wie man beim Fallen sterben könne. Irgendwann kam ein silbernes Zigarettenetui in meinen Besitz. Ich meine, dass meine Mutter mir dieses gegeben habe, mit der Information, dass es dem Onkel Toni gehört habe. In das Zigarettenetui ist eingraviert „Weihnachten 1941 – Ria". Später erfuhr ich, dass es die Verlobte von Toni Löw war.

Das Zigarettenetui hat mich an eine Geschichte erinnert, die Leonardo Boff vom Stummel der Zigarette erzählt, die sein Vater kurz vor seinem Tod rauchte. „Von diesem Augenblick an ist der Zigarettenstummel kein einfacher Zigarettenstummel mehr. Denn er wurde zu einem Sakrament, lebt, spricht von Leben und begleitet mein Leben. ...Er (ist) von unschätzbarem Wert, gehört zur Mitte des Lebens und trifft unser Inneres."[162]

Dieses Leben von Toni Löw ging mit 26 Jahren zu Ende. Am 6.9.1943 ist er gefallen, bei Konstantinowka, gelegen in der heutigen Ukraine, ca. 70 km nördlich von Donezk. Vielleicht steckte jenes silberne Zigarettenetui damals in seinem Mantel.

Geboren wurde er am 19.1.1917 in Lindenholzhausen als Sohn des Schuhmachers Georg Löw (1877-1950) und von Margarete Friedrich (1880-1954).

Von 1923 bis 1931 besuchte er die Volksschule Lindenholzhausen. Danach kam er auf das Kaiser-Wilhelm-Gymnasium in Montabaur. In dieser Zeit wohnte er im bischöflichen Konvikt. Von April bis Oktober 1937 versah er den Arbeitsdienst in der Reichsarbeitsdienstabteilung 6./257 in Rettersheim am Rhein. Am 3.11.1937 trat er in die Wehrmacht ein. Im Mai 1939 nahm er an einem Unteroffiziers-Lehrgang teil. Am 1. Juni 1939 wird er zum Unteroffizier als Offiziersanwärter befördert. Zu

---

[162] Leonardo Boff (1992), Kleine Sakramentenlehre, Patmos: Düsseldorf, S. 29

Kriegsbeginn ist er in Norheim an der Nahe eingesetzt. Über den Jahres-
wechsel 1939/1940 ist er in
Wiesbaden. Hier lässt er mit sei-
ner späteren Verlobten Ria
Neunzerling beim Fotografen
Bilder machen.

Januar 1940 in Wiesbaden.

Beim „Vormarsch durch Süd-
holland-Belgien-Frankreich" ist
er dabei, mittlerweile als Feld-
webel. Er fotografiert die unver-
sehrte Kathedrale von Amiens.
1941 schließt er seine Offiziers-
ausbildung in Paris ab. Bis Mitte 1942 bleibt er in Frankreich.

Unser Opa Franz[163], Tonis Bruder, hat uns wahrscheinlich aus jener Zeit die
Anekdote erzählt, dass sich beide in Paris getroffen hätten. Während sie sich
unterhielten, kam Opa Franz Vorgesetzter und merkte an, dass der Gefreite
Löw den Leutnant so einfach duze. Da meinte Opa Franz: „Herr Hauptmann.
Nun schauen sie mich mal an und dann schauen sie ihn mal an." – „Sie könnten Cousins sein." – „Nein, Herr Hauptmann, das ist mein Bruder!" – „Machen Sie so weiter, Löw!"

Ende Sommer 1942 muss Toni Löw nach Russland gekommen sein, im Juli
1942 schrieb er noch einen mit Ortsangabe „Munster" datierten Brief. Danach gibt es nur noch Briefe mit „O.U." (Ohne Unterkunftsangabe).

In dem ersten hier veröffentlichten, mit Schreibmaschine geschriebenen,
Brief vom 5. Juni 1943 erkennt man, wie verführerisch und demagogisch der
Nationalsozialismus auf die Menschen in den Jahren 1933-1945 wirken
konnte. Toni Löw war die Niederlage in Stalingrad 1942/1943 bekannt und
vielen gerade im höheren Militär wurde die Ausweglosigkeit der Lage bewusst. Vielleicht wollte Toni Löw auch mit den Einschätzungen zur Rede
Goebbels seiner Familie und sich nur weiter Mut machen. Denn eine Aussage
wie „Wir werden ihm [hier: dem russischen Gegner] auch immer vorschreiben, wie er sich uns gegenüber zu verhalten hat." war spätestens seit Stalingrad nicht mehr haltbar. Eine andere, vielleicht wahrscheinlichere Version,

---

[163] Franz Löw (1908-1986), war der älteste Sohn von Georg und Margarete Löw.

aufgrund der Tatsache, dass dies der einzige mit Schreibmaschine getippte Brief von Toni Löw war, lautet, dass die Soldaten an der Front – auf Befehl von oben - die eigenen Familien aufmuntern und zum „totalen Krieg" begeistern sollten.[164]

Die anderen beiden hier veröffentlichten Briefe sind handschriftlich in Sütterlin verfasst. Einige wenige Worte blieben leider unleserlich.

Der Brief vom 22. August 1943 ist der letzte von Toni Löw, der in Lindenholzhausen ankam. Da sein Tod im Zusammenhang mit einem Stoßtruppunternehmen erfolgte (so steht es in der Todesanzeige), liegt die Vermutung nahe, dass sein im Brief benanntes Vorhaben „ich will heute nacht an verschiedene Stellen, an die man bei Tage überhaupt oder nur schlecht herankommen kann" dieses Stoßtruppunternehmen vorbereitete. Leider ist dieser Brief sehr verblasst und dadurch einige Wörter unleserlich.

In jene Zeit, als der Brief geschrieben wurde, fällt die „Operation Donezbecken". Nachdem es bis Sommer 1943, wie Toni Löw in seinen Briefen öfter beschreibt, kaum zu bedeutenden Kämpfen gekommen war, begannen Anfang August Offensiven der sowjetischen Armee. Am 6. September rückten eine Gardearmee und eine Panzerarmee Richtung Konstantinowka vor, der Ort, an dem sich Leutnant Anton Löw mit seinen Soldaten aufhielt.

Das offizielle Todesdatum von Toni Löw ist der 6. September 1943. Seine Familie hatte wochenlang auf Briefe von ihm gewartet und am 21. Oktober 1943 die Nachricht von seinem Tod erhalten.

O.U. [165], den 5.6.1943

Ihr Lieben!

Noch nicht lange hat unser Reichsminister Dr. Goebbels seine fantastische Rede beendet[166]. Wir konnten die Rede hier sehr gut hören.

---

[164] Bedacht werden muss auch, dass ab 12.März 1940 die Feldpostbriefe zensiert wurden. Schätzungen gehen von 30.000-40.000 Betroffenen aus, denen aufgrund ihrer Briefinhalte „Wehrkraftzersetzung" vorgehalten wurde.
[165] O.U. bedeutete bei der Wehrmacht ohne Unterkunftsangabe / OrtsUnterkunft.
[166] Es dürfte nicht die Rede vom „totalen Krieg?" vom 18. Februar 1943 sein, von der Toni Löw spricht. Unabhängig davon, welche Rede Goebbels nach Russland übertragen wurde, weiß man heute, dass er bezüglich der militärischen Entwicklung zuversichtlich schien, jedoch pessimistische Einschätzungen sich bei ihm mehrten.

Der Reichsminister für Bewaffnung hat der Heimat und auch uns erzählt, wie Ihr alle in der Heimat für uns gearbeitet habt. Die Auswirkungen dieser riesigen Produktion werden wir hier, aber auch Ihr in der Heimat, in nächster Zeit erst spüren. Unseren Feinden wird dann noch Hören und Sehen vergehen. Man merkt es ja bereits hier, wie die Burschen sich vor der Wirkung unserer Waffen verkrümeln. Auch aus Gefangenenaussagen geht immer hervor, dass der Gegner durch alle unsere Waffen erhebliche Verluste hat. Wir werden ihm auch immer vorschreiben, wie er sich uns gegenüber zu verhalten hat. Die ganz geringen Störungen, mit denen er uns ab und zu einmal aus dem Konzept zu bringen glaubte, haben gänzlich aufgehört. Er hat auch alle möglichen Jahrgänge uns gegenüber liegen, angefangen von 15 1/2-jährigen bis über 50-jährige. Unser letzter Gefangener stammte schon aus dem weiten Osten. Man sieht also, dass er alles zusammenkratzt, was er noch irgendwo auftreiben kann. Wenn man unsere jungen, frischen, gut ausgebildeten Leute dagegen betrachtet, so können wir mit aller Seelenruhe in die Zukunft schauen. Bis zum endgültigen Sieg werden aber sowohl hier als auch ihr in der Heimat viele Opfer bringen müssen. Aber in Anbetracht dessen, dass wir nachher endlich Ruhe vor dem Bolschewismus und somit vor unserem Erzfeind haben werden, wollen wir alle Mühen und Lasten freudig ertragen.

Heute war es bei uns wieder in jeder Beziehung sehr ruhig. Mit meiner Arbeit war ich bereits um 1-1/2 Uhr fertig. Dabei habe ich heute früh noch nicht einmal so früh angefangen. Ich bin nämlich erst kurz vor 7 Uhr aus meinem Stahlfedernbett gekrochen. Ich sage Stahlfedernbett. Das stimmt schon. Es ist nur ein einfacher Maschendraht darüber gespannt. Man könnte zwar Stroh, Heu oder Gras in einem Sack darüber legen, bekanntlich ziehen aber gerade diese Dinge das Ungeziefer sehr schnell an. Und wenn sich die Viecher einmal festgesetzt haben, hält es sehr schwer, sie zu verjagen oder gar zu vernichten. Bisher ist es bei uns allen noch sehr gut abgelaufen. Wir haben noch nichts gespürt und auch keine Klagen gehört. Es gehört natürlich dazu, dass die tägliche, körperliche Reinigung weder unterlassen noch vernachlässigt wird. Wir haben auch in jeder Beziehung für unsere Leute gesorgt. Ein Haus hier im kleinen Dorf[167] ist als Badehaus eingerichtet. Von morgens 7 Uhr bis abends gibt es dort laufend heisses Wasser. Wir haben einen Gefangenen angestellt, der nun Wasser herbeischleift und den Kessel heizt. Die 2 Badewannen, die wir im Hause drin haben, sind zwar nicht so gross wie unsere anderen in Deutschland. Es kommt aber so hin, dass man sich gemütlich setzen kann.

Heut mittag habe ich in der Sonne gesessen und mir den Körper bescheinen lassen. Immer kann man es ja nicht machen, weil gar zu oft die Zeit fehlt. So nutzt man denn auch jede Gelegenheit aus, wo man freie Zeit hat. Gegen Abend habe ich fast alle Leute noch einmal aufgesucht, und mich mit ihnen unterhalten. Es hat doch der eine und andere hier oder da Kummer und Sorgen, wo man meist in irgendeiner Form helfen kann. Beim Heimatgenossen Speth[168] kam ich auch vorbei. Wir haben uns wieder über die liebe Heimat unterhalten. Es tauchen doch so manche Gestalten auf, die man beiderseits kennt.

Heute hat der erste Offizier von uns Urlaub eingereicht. Hoffentlich kommt er bald weg. Dann können auch wir einmal damit rechnen. Wenn weiter nichts dazwischen kommt, bin ich voraussichtlich der 4., der in Urlaub fährt. Es dauert nur immer so lange, bis einer aus der Heimat wiederkommt.

Inzwischen ist der Sonntag angebrochen. Zum Schlusse schicke ich Euch frohe Sonntagsgrüsse, von Herzen alles Gute und verbleibe in lieber Erinnerung

Euer Toni

---

[167] Es könnte sich hier um das Dorf Konstantinowka handeln, bei dem er auch gefallen ist.
[168] In Lindenholzhausen gab es zu dieser Zeit keine Speths, wie Georg Rompel weiß. Es könnte sich um einen Soldaten aus Niederbrechen handeln, wo der Name Speth weit verbreitet ist. Als „Heimatgenossen" galten in so weiter Ferne im Krieg auch jene aus den Nachbarorten im Goldenen Grund.

O.U., den 12. August 1943

Ihr Lieben!

Nun wird es bald wieder Zeit, dass ich etwas von mir hören lasse. Seit einigen Tagen kann ich mal wieder etwas von mir hören lassen[169]. Heute mittag erhielt ich euren lieben Brief vom 1.8. (von Mutter[170]), v. 2.8. (von Gretel), außerdem 1 großes Paket und 2 kleine 100-gr. Päckchen. Geöffnet habe ich sie noch nicht, da ich noch keine Zeit dazu hatte. Ich schreibe euch dann das nächste Mal darüber. Jedenfalls nehmt jetzt schon für alle die Postsendungen meinen besten Dank!

Irgendwann habt ihr wohl auch wieder Post von mir erhalten. Ich kann mir vorstellen, dass ihr am 2.8. fast oder über 8 Tage keine Post von mir hattet. Den Grund habt ihr wohl aus meinem Schreiben ersehen. Seit dieser Zeit ist es immer ruhig geblieben, wenn es auch eines Tages mal wieder anders kommen sollte. Man muß ja jederzeit mit etwas rechnen, das seht ihr auch täglich im Wehrmachtsbericht, daß der Russe an allen möglichen Stellen durchzukommen versucht.

Über die Arbeit, die ihr habt, habe ich nur gestaunt. Ich glaube, Mutter arbeitet mal wieder zuviel, oder besser gesagt, hat zuviel gearbeitet. Ob sich das nicht schon bemerkbar gemacht hat oder noch bemerkbar machen wird? Hoffentlich geht alles gut!

Das Wetter ist seit einigen Tagen herrlich! Die Sonne ist so gleißend, daß man es draußen kaum aushalten kann. Und doch müssen wir diesen Bunker weiterbauen. Daran läßt sich mit dem besten Willen nichts ändern. Ich schippe jeden Tag zusammen mit dem Kommandeur meine 2 Stunden. Es macht ja auch Spaß und man kann schön frische Luft schnappen.

---

[169] Ist das Erschöpfung bei Toni Löw in dieser sich wiederholenden Bemerkung vom „hören lassen"?
[170] Das war Margarete Löw, geb. Friedrich (1880-1954), die Schwester „Gretel" Margarete Gertrud Töpfer, geb. Löw(1922-1996)

Aus meinem Urlaub wird in diesem Monat nichts mehr werden. Dafür hoffe ich aber bestimmt auf September. Ich habe euch ja schon geschrieben, daß wir am 17.7. paar Ausfälle hatten. Es kamen neue Offz. . sodaß man sich jetzt erst wieder eingewöhnen muß. Außerdem wurde festgestellt, daß andere Leute, die vor mir auf Urlaub waren, zuerst fahren müssen. Ihr müßt euch also noch 1 Monat trösten.

Von den frischen Sachen hier bekommen wir ab und zu schon einmal etwas mit, wenn's auch nur Tomaten und Gurken sind, oder etwas Obst. In den letzten Tagen wollte der Magen mal wieder nicht. Es ist eben die „Rußlandkrankheit", die ja des öfteren einmal kommt. Jedenfalls ich einige Tage des öfteren mal wieder „gelaufen". Daraufhin habe ich gestern gefastet und abends 1 Oziumtablette genommen. Das ist das einzige, was eben noch stopft. Es hat auch ganz schön geholfen. Den Erfolg spürte ich heute schon. Gestern mittag lag ich eine ganze Zeit im Bett, weil ich's vor Leibschmerzen nicht mehr aushalten konnte. Ich hoffe, daß es jetzt wieder eine Zeitlang gut geht.

Mit den Erntearbeiten werdet ihr wohl jetzt fertig sein. Hoffentlich hat alles geklappt, daß es trotzdem nach Hause gekommen ist. Eine gute Ernte kann man ja wieder gebrauchen.

Sonst gibt es nichts Neues. Laßt bald wieder etwas von euch hören u. seid recht herzlich gegrüßt von eurem lb. Toni

O.U., den 22. August 1943[171]

Ihr Lieben!

Es ist heute Sonntagabend. Heute soll der Brief aber doch einmal fertig werden. An den beiden letzten Sonntagen klappte es nicht so richtig. Es ist gerade 10 Uhr abends, die Nachrichten sind im Gange. Um 12:00 h will ich sowieso in die *[Wort unleserlich]* nach vorne. Da bleibe ich gerade auf. Die 1 Stunde Schlaf rentiert sich doch nicht mehr. Dafür schlafe ich ja nach Rückkehr ganz anständig. Dann habe ich Zeit genug. Ich will heute nacht an verschiedenen Stellen, an die man bei Tage überhaupt oder nur schlecht herankommen kann.

Für eure lieben Briefe von Mutter vom 8.8. und den von Gretel vom 10.8.43 danke ich euch von Herzen. Wie schon oft es doch immer, wenn ganz liebe Zeilen aus der Heimat eintreffen! Es klappt eben mit der Post auch nicht so gut wie sonst. Man muß sich eben mit all den Leuten trösten, denen es genau so geht. Ihr habt ja auch manches Mal auf Post von mir warten müssen. Das kommt eben überall mal vor. Zudem sind Materialtransporte im Augenblick viel wichtiger. Das könnt ihr ja den täglichen Wehrmachtsberichten entnehmen. Übrigens kamen in der vergangenen Woche noch verschiedene Päckchen mit Zigaretten, Puddingpulver, Zucker und 100 gr Kuchen an. Für alles nehmt meinen herzlichsten Dank. Den Pudding haben wir uns gestern bei Taubenbraten und Bratkartoffeln schon gut schmecken lassen. Ihr staunt sicher über die Tauben. Aber es war tatsächlich so. *[unleserlich]* hatten sie für uns geschossen. Es ist ja besser wir halten sie, als daß sie in die Dienste der russischen Armee treten. Im Anschluss an dieses feudale Mittagessen haben wir bei Sekt bis zum Abend Karten gespielt. Wir haben also gestern mittag schon den Sonntag angefangen wie es zu Friedenszeiten Mode war.

---

[171] Vor diesem letzten Brief schrieb Toni Löw fast jeden Tag im August in die Heimat: 2.8., 2.8. (zum Geburtstag des Vaters), 4.8., 5.8., 8.8., 12.8., 13.8., 16.8., 19.8.

Man kann so etwas auch ganz gut gebrauchen. Dafür kommen auch mal wieder lange Tage und lange Nächte.

Seit einigen Nächten ist es übrigens furchtbar kühl geworden. Man könnte zeitweise den Ofen schon anstochern, wenn man ihn schon hätte. Er soll nun in den nächsten Tagen aufgebaut werden. Aus Backsteinen läßt sich ja hier in Rußland schon viel anfangen. In den letzten beiden Tagen habe ich übrigens mal etwas eingekauft. Es war nämlich eine fahrende Kleiderkasse hier. Ich bekam 1 Hemd, 1 paar Handschuhe, sodann Stoff für eine Hose und einen Reitlederbesatz. Alles zusammen kostete nur 41.50 *[unleserlich]*, dabei sind alle Waren noch sehr gut, auch das Hemd. Ihr könnt ja alles in meinem Urlaub bewundern. Schlecht habe ich jedenfalls nicht gekauft. Ihr wißt ja auch, daß ich selten mal etwas Schlechtes gebracht habe. Die Reithose soll bis zum Sommer auch noch fertig werden.

Mit eurer Ernte seid ihr wohl jetzt fertig, da habt ihr im Anschluß daran auch etwas Ruhe verdient. Mit der restlichen Ernte wird es wohl nicht ganz so wild werden. Arbeit gibt es ja immer.

Heute kam ein Oberleutnant aus Hamburg zurück, der sich nur lobend über die gute Haltung der bombengeschädigten Zivilbevölkerung ausgelassen hat. Das macht uns hier doch sehr viel Spaß und wirkt auch sehr gut auf die Moral.

Vielleicht klappt es doch noch, daß ich mich mit Franz im Urlaub treffe. Das wäre doch sehr fein, gelt! Es ist ja doch nun fast wieder 1 Jahr her, daß ich ihn zum letzten Mal in Paris traf.[172]

Sonst gibt es nichts Neues bis hier. In der Hoffnung, bald wieder etwas von euch zu hören, bin ich mit den herzlichsten Grüßen an Euch alle, Euer lieber Toni

---

[172] Vgl. das in der Vorbemerkung genannte Treffen in Paris 1941 mit seinem ältesten Bruder.

Nach wochenlangem vergeblichem Warten auf Nachricht erhielten wir nun die traurige, kaum faßbare Mitteilung, daß nach Gottes hl. Willen unser innigstgeliebter, jüngster Sohn und Bruder, Schwager, Onkel, Neffe, Vetter, Pate und Bräutigam

stud. jur.

Toni Löw

Leutnant und Adjutant in einem Gren.-Batl.
Inh. des EK. 2 und sonstiger Auszeichnungen

.... von 26 Jahren .... 6jähriger treuer Pflichterfüllung, bei einem Stoßtruppunternehmen im Osten den Heldentod gestorben ist. Seine Kameraden betteten ihn zur letzten Ruhe.

Wer ihn gekannt, kann unseren Schmerz ermessen.

In tiefer Trauer:

Georg Löw sen., Schuhmachermeister
und Frau Margarethe geb. Friedrich
und alle Anverwandten
Ria Neunzerling, als Braut.

Lindenholzhausen, Wiesbaden, Bad Kreuznach, Mannheim, im Felde, den 21. Oktober 1943.

Die Seelenämter werden am Montag und Dienstag, den 25. und 26. Oktober 1943, morgens 7 Uhr in der Pfarrkirche zu Lindenholzhausen gehalten.

Limburger Vereinsdruckerei GmbH., Limburg

In der Reihenfolge:

Stempel der NSDAP-Ortsgruppe Lindenholzhausen mit der Unterschrift des Ortsgruppenleiters Wicker.

1935: ein Kostenvoranschlag der Firma Joseph Preßler über einen Rundfunkempfänger an die Volksschule Lindenholzhausen

1937: Impfschein (anonymisiert)

1937: Klageschrift gegen Anna Roos zur Entziehung ihres Hebammenzeugnisses

1938: Zeugnis der Volksschule Lindenholzhausen in den Jahren 1938 bis 1944 mit Deckblatt und Noten (Das Fach Ordnung wird durch „Aufmerksamkeit" ersetzt. Das Fach Katechismus wird seit 1937 nicht mehr von Pfr. Schermuly erteilt. Wer biblische Geschichte gelehrt hat, bleibt unklar.)

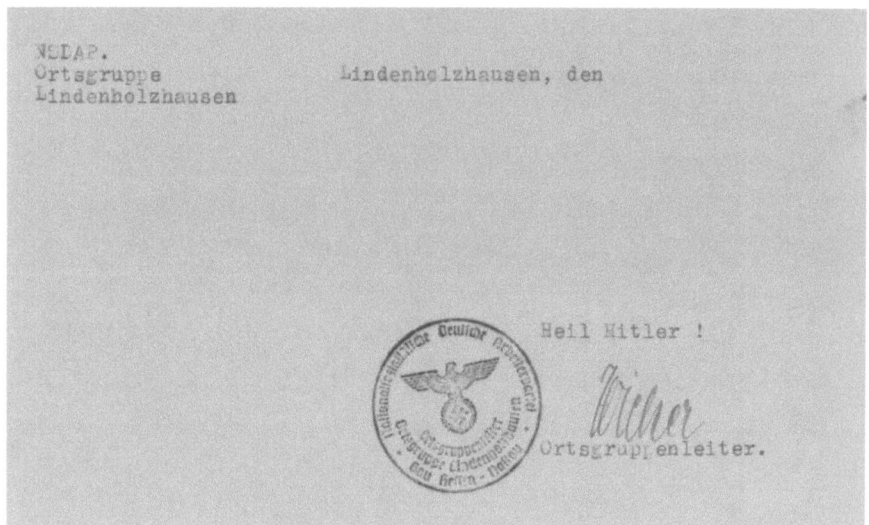

Joseph Preßler, Lindenholzhausen

SPENGLER- UND ELEKTROMEISTER

Bauspenglerei u. Installationsgeschäft für
Gas-, Wasser-, Licht- und Kraftanlagen

Lindenholzhausen, den 1 Februar 193 5

Gegründet
1888

K o s t e n - A n s c h l a g !

einer Radio- Empfangsanlage

für die Volksschule

Lindenholzhausen.

1	Stück	Rundfunkgerät m/ Röhren (Marke Siemens)	Rmk.	335. --
1	"	Lautspecher für 2 ten Schulsaal	"	7o. --
1	"	Hochantenne m/ Blitzschutz-Automat		16. 5o
2	"	Anschluß- Steckdosen a Stck. 7.5o		15. --

Reichsmark   436. 5o

===================================

Auf Wunsch andre Marken sofort Lieferbar

Heil Hitler !

Josef Preßler
Licht- und Kraftanlagen
Lindenholzhausen

Impfschein.

Impfliste Nr. _34_

Impfbezirk Lindenholzhausen

geboren den _____ 19__ , wurde am _6/6._ 19 _32_

zum _ersten_ Male _mit_ Erfolg geimpft.

Durch die Impfung ist der gesetzlichen Pflicht genügt.

Lindenholzhausen
_____ am _____ 19 __

Ullrich

Bemerkung: Die Vordrucke sind bei der Ausfertigung von dem betreffenden Ärzte mit
seiner Namensunterschrift und seiner Eigenschaft als „Arzt" bez „Impfarzt"
zu versehen.

Impfscheine für Erstimpfungen. — Vordruck I, Nr. 45 — 228. 2. 2. 22 5000.
Calenhaus Buchdruckerei Cassel

Abschrift

Der Bürgermeister   Lindenholzhausen, den 30. Jan. 1937
    als O.P.B.

An das
Bezirksverwaltungsgericht
in W i e s b a d e n

Durch die Hand des Herrn Landrat in Limburg

Betrifft: Klage auf Entziehung des Hebammenzeugnisses der Hebamme
          Anna R o o s geborene Becker aus Lindenholzhausen.

Die Hebamme Anna Elisabeth R o o s geb. Becker, geboren am
8. August 1895 in Lindenholzhausen, zur Zeit im Strafgefängnis
Preungesheim, wurde am 29. 7. 1936 vom Sondergericht im Bezirk
des Oberlandesgerichtes Frankfurt/Main wegen Vergehen gegen § 1
des Gesetzes gegen heimtückische Angriffe auf Staat und Partei
und zum Schutze der Parteiuniform vom 20.12.34 zu einer Gefängnisstrafe von 7 (sieben) Monaten und in die Kosten des Verfahrens
verurteilt.

Dieselbe verbreitete bei der Ausübung ihres Amtes sowohl, als auch
sonst bei jeder Gelegenheit, Partei- und Staatsschädigende Gerüchte,
die die Bevölkerung, Wöchnerinnen und schwangere Frauen erregten
und in Zweifel versetzten.

Da dieselbe eine Beunruhigung in die Bevölkerung trägt und ihr
Amt hierzu benutzt hat, aber auch dem Charakter derselben nach
eine Besserung nicht zu erwarten sein dürfte, beantrage ich, derselben das Hebammenzeugnis zu entziehen. Da am 4. März 1937 deren
Strafe bereits abläuft bitte ich um Beschleunigung des Verfahrens.

                         (LS)   gez. Wicker

. Bürgermeister   Lindenholzhausen, den 5. Juni 1939
als O.P.B.

An den Herrn
Vorsitzenden des Bezirk verwaltungsgerichtes
W i e s b a d e n

Betrifft: Verwaltungsstreitsache gegen die Hebamme Roos, hier,
         B.V.G.I.40/37.

Es wird nochmals um eine Klageaussetzung um ein Jahr gebeten. Nach
Gerüchten soll Frau Roos wiederum gegen den Staat geredet haben,
doch war eine genaue Feststellung noch nicht möglich. Aus diesem
Grunde wäre es erforderlich, dieselbe nochmals ein Jahr zu beo-
bachten.

                         gez. Wicker

Volksschule zu Lindenholzhausen

Schul-Zeugnis

für

Zu- und Vorname: ....

Geburtsdatum: ....   Geburtsort: *Lindenholzhausen*

Name und Stand des Vaters (Pflegers): ....

Konfession: *katholisch*

Datum und Ort der ersten Schulaufnahme: *21.4. 1938 in Lindenholzhausen*

Hier seit: ....

Etwaige Überweisungen in eine andere Schule: ....

....

)))⟩ ⟨(((

Das Zeugnis bleibt bis zur Entlassung des Kindes Eigentum der Schule.

Schulzeugnis / Notentabelle

Schul-jahr	Klasse	Betragen	Fleiss	Ordnung	Katechismus	Bibl. Geschichte	Lesen	Aufsatz	Rechtschreiben	Rechnen	Raumlehre	Geschichte	Erdkunde	Naturgeschichte	Naturlehre	Schreiben	Zeichnen	Gesang	Turnen	Weibl. Handarbeit	entschuldigt	unentschuldigt
19 38		2	2	3		3	3			2						2		3	3		3	1
19 39/40		2	2	3		3	3			2						3		3	3	1	2	•
1939 40		2	2	2			2		3	2			2			2	2	2	3		1	
1940 41		2	2	2			2		2	2			2			2	2	2	3		11	1
1941 II		2	2	2			2	3	3	2		3	2	2		3	2	2	3		1	1
1941 42		2	2	2			2	3	2	2		3	2	2		3	2	2	3			
1942 43		2	2	2			2	2	2	2		3	3	2		3	3	2	3			

Ordnung (1938): *Nachmarkt... Frühzeit* (handschriftlicher Vermerk)

Versäumnistage

Bedeutung der Ziffern: 1 — sehr gut, 2

AUSGEWÄHLTE FOTOS AUS DEN JAHREN 1933-1945

Auf der Suche nach Fotos aus den Jahren 1933-1945 hörten wir oft, dass damals keine oder nur ganz wenige Fotos gemacht worden seien. Es gab aber einige in Lindenholzhausen, die einen Fotoapparat hatten und Bilder machten. Diese gefundenen Fotos sollen einen bildlichen Eindruck vermitteln von dem bislang Geschriebenen.[173]

1933: Rosa Elisabeth Heun (heute: Liesel Brötz) in der Volksschule

1933: Erntedank Umzug An Ecke Frankfurter Straße/Mensfelder Straße

1934: Jungzug der Hitlerjugend nach der Sammlung für das Winterhilfswerk am Haus von Schulrektor Otto in der Frankfurter Straße. (1. Reihe v.l.) Alfred Simonis, Hubert Becker (gef.), Hermann Kasteleiner, Paul Röhrig (gef.), Alex Jung (gef.), NN., Rudi Staufenbiel (verm.), Walter Weyrauch, Werner Klein, Reinhold Simonis (gef.), Erich Becker, Josef Kaiser, Albert Röhrig (gef.), Hans Holl, Egon Eichhorn, Alfred Jungkönig, Josef Jungkönig, (2. Reihe v.l.) NN., Erich Klein, NN., Hans Keller, Josef Kolter, Georg Kasteleiner (gefl), NN., Anton Sesterhenn (gef), Heinrich Hilfrich, Martin Neunzerling, NN., Heinz Jungkönig

1935: Rede eines NSDAP-Funktionärs vor rund 200 zuhörenden Lindenholzhäusern zwischen Wendelinuskapelle und Gaststätte Paul Simonis

1937-1939: Bau der Autobahnbrücke Limburg.

1937/1938: Messdiener (v.l.) Richard Jung, Alfons Rompel, Josef Breser, Alfred Stein, Oswald Wagner, Reinhold Born.

Um 1938: Fronleichnamsprozession, nicht nur mit Kirchenflaggen

1940: Hochzeit Johann und Maria Rompel, geb. Löw

1940: Einquartierung Sackstraße 18, Beschriftung Rückseite „Von 1940 Soldat Zimmermann Gefr, Kurt"

1941: Weihnachten, alle fünf Löw-Brüder aus der Schulgass, von links Josef, Georg, Franz, Norbert, Toni

1944: Hitlerjunge Josef Fachinger mit Bruder Franz vor der Schule

1944: August, Lindenholzhausen Luftaufnahme (US Air Force)

1945: Autobahnbrücke 25.3. von deutschem Sprengkommando zerstört

---

[173] Wir danken den Bildgebern für die Abdruckgenehmigung.

174

---

174 Rechte liegen bei Diözesanarchiv Limburg Nachlass Foto Heinz.

175

176

---

[175] Luftaufnahme Lindenholzhausen zugänglich über https://catalog.archives.gov/id/291973894 (7.5.2023)

[176] Originalbeschreibung des Fotos „During Their Retreat Into Central Germany, Enemy Troops Collapsed This Masonry Bridge Near Limburg.(U.S. Air Force Number 59385AC)" Rechte beider Fotos liegen bei Department of Defense. Department of the Air Force. Zugänglich über https://catalog.archives.gov/id/204901814?objectPage=2 (7.5.2023)

SPRUCHKAMMERVERFAHREN FÜR LINDENHOLZHÄUSER 1946-1948

von Marc Fachinger

Sie fallen zwar in die Zeit nach 1945, betreffen jedoch die Zeit 1933-1945: die Entnazifizierung, welche die US-amerikanische Besatzung zum Ziel hatte, wurde in so genannten Spruchkammerverfahren durchgeführt.[177] Die Akten dieser Spruchkammerverfahren werden seit 2016 nach und nach öffentlich zugänglich gemacht. Für Hessen können sie im Wiesbadener Hauptstaatsarchiv eingesehen werden. Josef J.G. Jung hat uns auf die Spur gebracht, sich diese einmal anzuschauen.

Sie sind geschichtlich interessant, weil sie zum Teil Originaldokumente aus den Jahren 1933-1945 enthalten, besonders die Akte von Ortsgruppenleiter Wicker. Einige Erkenntnisse daraus gingen, bei aller vorsichtigen Betrachtung, in unsere Arbeit ein.

Die Spruchkammerakten sind aber auch in der Betrachtung der Frage interessant, wie Menschen mit ihrer Schuld umgehen. Emilie Rompel, geb. Stein war eine der Sekretärinnen der Spruchkammer und bei den Gerichtsverfahren dabei. Sie sagte einmal, dass noch nie so viel gelogen worden sei in Lindenholzhausen, wie in dieser Zeit.[178]

Aus Lindenholzhausen liegen bislang rund 110 Akten vor, mal mehr mal weniger umfangreich.[179] Verpflichtet waren alle Deutschen, die mindestens 18 Jahre alt waren, einen Meldebogen auszufüllen und einzureichen.[180] In darauffolgenden Spruchkammerverfahren

---

[177] Ein lesenswerter überblicksartiger Artikel findet sich bei Franz-Karl Nieder, Entnazifizierung 1945 – 1948 auch im Landkreis Limburg und im Oberlahnkreis, in: Jahrbuch 2007 für den Kreis Limburg-Weilburg. Limburg 2006, S. 149-160. Auch als pdf unter https://franz-karl-nieder.de/download/Entnazifizierung.pdf (15.5.23)

[178] Originalzitat nach Georg Rompels Erinnerung an seine Mutter „Et is noch nie su vill geluhe worn än Hollese."

[179] Die Mitarbeiter vom Hauptstaatsarchiv Wiesbaden sprechen insgesamt von rund 300-400 dort archivierten Spruchkammerakten aus Lindenholzhausen.

[180] Vgl. Gesetz zur Befreiung von Nationalsozialismus und Militarismus vom 5. März 1946, Artikel 3 (2).

mussten sie sich – je nach Einschätzung – vor einer Spruchkammer für ihr Verhalten in der NS-Zeit verantworten. Am Ende stand die Einstufung in fünf Gruppen als Hauptschuldige, Belastete, Minderbelastete, Mitläufer oder Entlastete.

Der Umfang der aus Lindenholzhausen vorliegenden Akten ist, wie schon erwähnt, je nach Person sehr unterschiedlich. Die Akte von Alt-Bürgermeister Georg Rompel[181] umfasst gerade die zwei Seiten des Meldebogens, den er ausfüllen musste. Am 9.5.1946 füllte er bei den 13 Fragen mit Unterfragen entweder „nein", „keine" oder „nicht betreffend" aus. Wie er selbst schrieb[182], gehörte er immer der Zentrumspartei an und kam mit seiner politischen Überzeugung erst in Widerspruch, als „die nationalsozialistische Bewegung die Macht übernahm"[183]. Konsequenterweise quittierte er 1934 den Dienst. Mit der NSDAP oder gar der SS oder SA war er nicht in Verbindung zu bringen. Und seine abständige Haltung zum Nationalsozialismus war, wie schon im Kapitel „Lindenholzhausen in den Jahren 1933-1945. Einige Schlaglichter" erwähnt, im Dorf und bei Gemeindeschulze und Ortsgruppenleiter Wicker bekannt.

Bei einigen im Dorf sahen die Spruchkammerakten anders und umfassender aus. Die dickste Akte umfasst mit über 500 Seiten Protokolle, Berichte, Gerichtsverfahren usw. über und von Oskar Wicker, der seit 1. April 1934 Bürgermeister von Lindenholzhausen war. Er war Mitglied der NSDAP und SA.

Neben dieser Akte gibt es weitere zwischen 20 und 100 Seiten umfassende Akten von Lindenholzhäusern. Sie alle erhielten eine Klageschrift von der Spruchkammer Limburg-Lahn, einer Unterbehörde des Großhessischen Staatsministeriums, Minister für Wiederaufbau und politische Befreiung.

Am Ende der Verhandlungsführung standen dann Sätze von Entlastungszeugen, die oft nicht aus Lindenholzhausen kamen, wie „dass er

---

[181] Diese wurde auf Anfrage per E-Mail schnell - etwas schief – eingescannt zugeschickt, normalerweise wäre sie als Nicht-Betroffener noch nicht erfasst. S.u.
[182] vgl. dazu „1250 Jahre Lindenholzhausen. Historische Sammlung", 151
[183] Ebd.

trotz seiner Parteizugehörigkeit immer ein Gegner des Systems war", oder gar „Ich hatte den Eindruck, dass er ein starker Gegner der Nazimachenschaften war". Selbst Pfarrer Bruckner, der erst im Juli 1946 sein Amt in Lindenholzhausen antrat, stellte Bescheinigungen aus, dass jemand auch zur Nazizeit „seine religiösen Pflichten gewissenhaft und öffentlich erfüllt" habe.[184] Nach seinem eigenen Wissen sei „die Zugehörigkeit zur Partei nur eine äußerlich aufgedrungene Sache gewesen".[185] Und so wurden dann fast alle aus der Gruppe 2 „Belastete" oder 3 „Minderbelastete" in die Gruppe 4 als bloße „Mitläufer"[186] eingestuft.

Mitgliedschaften dieser 112 teils belasteten, teils minderbelasteten, Großteils nicht-kategorisierten Lindenholzhäuser gab es in der NSDAP[187] (46), NSF (44), DAF (40), NSV[188] (35), SA (28), HJ (8), SS (5), BdM (4), sowie in weiteren 18 nationalsozialistischen Gruppierungen. Viele hatten mehrere Mitgliedschaften, einige waren zusätzlich noch Blockfrau, Junggenosse, Kameradschaftsführer, SA-Reiter, Blockwart oder Scharführer. Alle anderen aus Lindenholzhausen fanden u.a. diese einfache Bescheinigung vor.

---

[184] Mit dieser Haltung bezüglich der Spruchkammerverfahren und Entnazifizierung steht Pfarrer Bruckner im kirchlichen Bereich keinesfalls allein. Die Einstellung der österreichischen Bischöfe in der Nachkriegszeit zur Entnazifizierung wird in dem Buch „Hitlers Jünger und Gottes Hirten" (Wien 2017) von Eva Maria Kaiser betrachtet. Bereits in der unmittelbaren Nachkriegszeit machten sich die Bischöfe für ehemalige Nationalsozialisten stark. Sie kämpften für die Milderung der Entnazifizierungsgesetze und forderten Amnestien für Kriegsgefangene. Nazis, die aus der Kirche ausgetreten waren, wurden mit offenen Armen wieder aufgenommen. Der Umgang der Bischöfe mit ihren Priestern war zwiespältig. Heimgekehrten KZ-Priestern blieb eine Ehrung für ihr Heldentum verwehrt. Gerade sie fühlten sich durch die Anbiederung an die „Ehemaligen" vor den Kopf gestoßen. Eva Maria Kaiser fragt: „Wollten die Bischöfe kaschieren, dass sie selbst während der NS-Zeit zu wenig mutig gewesen waren?"
[185] Vgl. Spruchkammerakte HHStAW Bestand 520/38 Nr. 55998/ 45555, S.15. Das achte Gebot ist wohl auch Pfarrern bekannt.
[186] Es ist ein typisch deutsches Wort - schwer übersetzbar. Im Englischen wird es als „bystander" übersetzt. Zu diesem Phänomen ist das Buch von Géraldine Schwarz, Die Gedächtnislosen. Erinnerungen einer Europäerin, 2018 zum Lesen sehr empfohlen. Seit 2019 gibt es eine kostengünstige Ausgabe bei der Bundeszentrale für politische Bildung.
[187] Einige wenige waren schon ab 1929 Mitglieder, andere als Anwärter registriert.
[188] Nationalsoz. Frauenschaft, Deutsche Arbeitsfront, Nationalsoz. Volkswohlfahrt

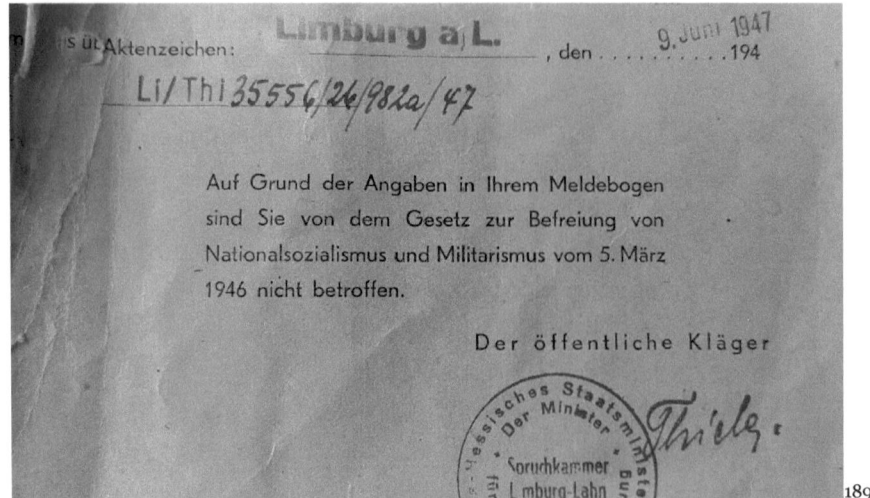

189

„Ich war kein Aktivist! Ich war nur fehlgeleitet von den Hitler- & Gö-belsreden (sic!) als leichtgläubiger Mensch und wollte nur immer das Beste. (...) Zum Schlusse bitte ich Sie nochmals ganz besonders, meine nachweisbar schon längst angenommene demokratische Hal-tung nicht übersehen zu wollen. Haben Sie Gnade. Jedenfalls gebe ich Ihnen voll und ganz die Versicherung, dass ich mich dem heutigen Staat unterordne."

So schreibt ein minderbelasteter (Gruppe 3) Lindenholzhäuser, der 12 Jahre NSDAP-Mitglied war, zeitweise SA, DAF, NSV, VDA[190], und als Denunziant knapp einer Eingruppierung in Gruppe 2 der Belaste-ten entkam. Kann man allzeit das Beste wollen und sich fehlleiten las-sen von menschenverachtenden, hetzerischen Reden? Und wo fängt der „Aktivismus" – in welchem Sinne auch immer – an und wo bleibt man passiv?

---

[189] Diese Bescheinigung bekam Josef Sesterhenn 1947. Aufgrund der weißen Farbe bekam dieses Blatt auch die Bezeichnung „Persilschein". Wie oben bei der Erwäh-nung und Andeutung einiger Fälle deutlich geworden ist, war dieser „Persilschein" auch aufgrund entsprechender Zeugenaussagen (unter dem Vorbehalt des 8. Gebots) und geläutert erscheinender Selbstbekenntnisse relativ einfach zu erhalten.

[190] Verein für das Deutschtum im Ausland

Altbürgermeister Georg Rompel war klar in Denken und Handeln. Das zeigt nicht nur sein am 9. Mai 1946 ausgefüllter Meldebogen an die Spruchkammer.

970	Lindenholzhausen			mi/Thü/10936/46/M/J/47	
Lfd. Nr.	Einlieferungsort		Einlieferungstag	Aktenzeichen	Buchstabe

Meldebogen
auf Grund des Gesetzes zur Befreiung von Nationalsozialismus und Militarismus vom 5. 3. 1946

43

Deutlich und lesbar ausfüllen (Druckbuchstaben)! Dick umrahmtes nicht ausfüllen! Jede Frage ist zu beantworten!

Zuname Rompel — Vornamen Georg — Beruf Landwirt
Wohnort Lindenholzhausen — Jock — Straße 9.
Geburtsdatum 17.9.1870 — Geburtsort Lindenholzhausen Familienstand ledig/verheiratet/verwitwet/geschieden
Wohnorte seit 1933:
a) Lindenholzhausen ———von———bis———
b) ———von———bis———
c) ———von———bis———

	Waren Sie jemals Angehöriger, Anwärter, Mitglied, förderndes Mitglied der:	Ja oder Nein	Höchster Mitgliedsbeitrag monatlich RM	von	bis	Mit-glieds-Nr.	höchster Rang oder höchstes bekleidetes Amt oder Tätigkeit, auch vertretungsweise oder ehrenhalber Bezeichnung	von	bis	Klasse oder Teil B
1.										
a	NSDAP.	nein								
b	Allg. SS	nein								
c	Waffen-SS	nein								
d	Gestapo	nein								
e	SD (Sicherheitsdienst der SS)*	nein								
f	Geheime Feldpolizei	nein								
g	SA.	nein								
h	NSKK. (NS-Kraftfahr-Korps)	nein								
i	NSFK. (NS-Flieger-Korps)	nein								
k	NSF. (NS-Frauenschaft)	nein								
l	NSDStB. (NS-Studentenbund)	nein								
m	NSDoB. (NS-Dozentenbund)	nein								
n	HJ.	nein								
o	BdM.	nein								

*Hier ist auch nebenamtliche Mitarbeit, z. B. Vertrauensmann, aufzuführen.

	Gehörten Sie außer Ziffer 1 einer Naziorganisation gemäß Anhang zum Gesetz an? Bezeichnung		von	bis	höchster Rang oder höchstes bekleidetes Amt oder Tätigkeit, auch vertretungsweise oder ehrenhalber Bezeichnung	von	bis
2.							
a	nein						
b							
c							
d							
e							
f							
g							

*Es ist jedem freigestellt hier auch die Zugehörigkeit zu anderen Organisationen nachzuweisen.

3. Waren Sie Träger von Parteiauszeichnungen (Parteiorden), Empfänger von Ehrensold oder sonstiger Parteibegünstigungen? nein
Welcher? Keine

4. Hatten Sie irgendwann Vorteile durch Ihre Mitgliedschaft bei einer Naziorganisation (z. B. durch Zuschüsse, durch Sonderzuteilungen der Wirtschaftsgruppe, Beförderungen, UK-Stellung u.ä.)? nein
Welche? Keine

5. Machten Sie jemals finanzielle Zuwendungen an die NSDAP. oder eine sonstige Naziorg.? nein
an welche: Keine ——— in welchen Jahren: ——— insgesamt RM: nein

Zugehörigkeit zur Wehrmacht, Polizeiformationen, RAD, OT, Transportgruppe Speer u. ä.

Genaue Bezeichnung der Formation	höchster erreichter Rang	ab wann
mehr		

Waren Sie NS-Führungsoffizier (auch wenn nicht bestätigt)? _____ von _____ bis _____
Waren Sie Generalstabsoffizier? _____ Rang _____ von _____ bis _____

In welchen **Organisationen** (Wirtschaft, Wohlfahrt) bekleideten Sie ein Haupt-, Neben- oder Ehrenamt?			höchster Rang od. höchstes bekleidetes Amt od. Tätigkeit, auch vertretungsweise od. ehrenhalber		
Bezeichnung	von	bis	Bezeichnung	von	bis
nicht betreffend					

Angaben über Ihre **Haupttätigkeit**, Einkommen und Vermögen seit 1932

Jahr	Waren Sie selbständig oder Arbeitnehmer?	Falls selbständig, Zahl der Beschäftigt.	Stellung od. Dienstbezeichnung als Arbeiter, Handwerker, Angestellter, Beamter, Vorstand, Gesellschafter, Aufsichtsrat, Unternehmer, freier Beruf etc.	Firma des Arbeitgebers oder eigene Firma bezw. Berufsbezeichnung mit Anschrift	Steuerpflichtig. Gesamt-Einkommen des Betroffenen RM	Steuerpflichtig. Vermögen des Betroffenen RM
1932						
1934						
1938						
1943						
1945						

Haben Sie Unternehmen oder Betriebe betreut oder kontrolliert? _nein_
Welche? _Keine_
Wurden Ihnen von Staat, Partei, Wirtschaft o. ä. Organisationen bisher nicht aufgeführte Titel, Dienstränge oder -bezeichnungen verliehen? _nein_
Welche? _Keine_
Läuft oder lief für Sie bereits ein Prüfungsverfahren? _nein_ Akt.-Zeich? _____
Wo? _____ Mit welchem Ergebnis? _____
Ist Ihre Beschäftigung von der Militärregierung schriftlich genehmigt? _nicht betreffend_
Vorläufig? _____ Endgültig? _____ Ist Ihre Beschäftigung von der Militärregierung abgelehnt? _____
Durch welche örtliche Militärregierung u. wann wurde Ihre Beschäftigung genehmigt oder abgelehnt?
nicht betreffend
Ich versichere die Richtigkeit und Vollständigkeit der von mir gemachten Angaben. Falsche oder irreführende oder unvollständige Angaben werden gemäß Art. 65 des Gesetzes zur Befreiung von Nationalsozialismus und Militarismus mit Gefängnis oder mit Geldstrafe bestraft.
In welche Gruppe des Gesetzes gliedern Sie sich ein? _____
Falls Sie glauben, daß das Gesetz nicht auf Sie Anwendung findet, geben Sie Gründe an: _____

Bemerkungen: _____

Lindenholzhausen 9.5.1946   Unterschrift: Rompel Georg
   Datum   Name   Vorname

In einer Klageschrift an die Spruchkammer in Limburg vom 30.1.1948 zu einem Lindenholzhäuser, der in die zweithöchste Kategorie, der Belasteten, eingestuft worden ist, wird betont: der Betroffene NN. werde „von allen Seiten als alter überzeugter Nationalsozialist geschildert", und sei „besonders in der ersten Zeit (...) sehr rührig gewesen". Diesem Lindenholzhäuser wird zugutegekommen sein, dass die USA die Entnazifizierung zum 31. März 1948 beendet haben. Dies hatte verschiedene Gründe, aber so kamen viele Hauptschuldige und Belastete straffrei davon. Dies war nicht nur für den Justizbereich in der neuen Bundesrepublik fatal. Es scheint, als hätten die Spruchkammerverfahren für die Betroffenen vor allem zum Ziel gehabt, möglichst straffrei davon zu kommen. Ein echter Gesinnungswandel, gar verbunden mit Entschuldigung und Versöhnung, war wohl eher ganz selten der Fall.

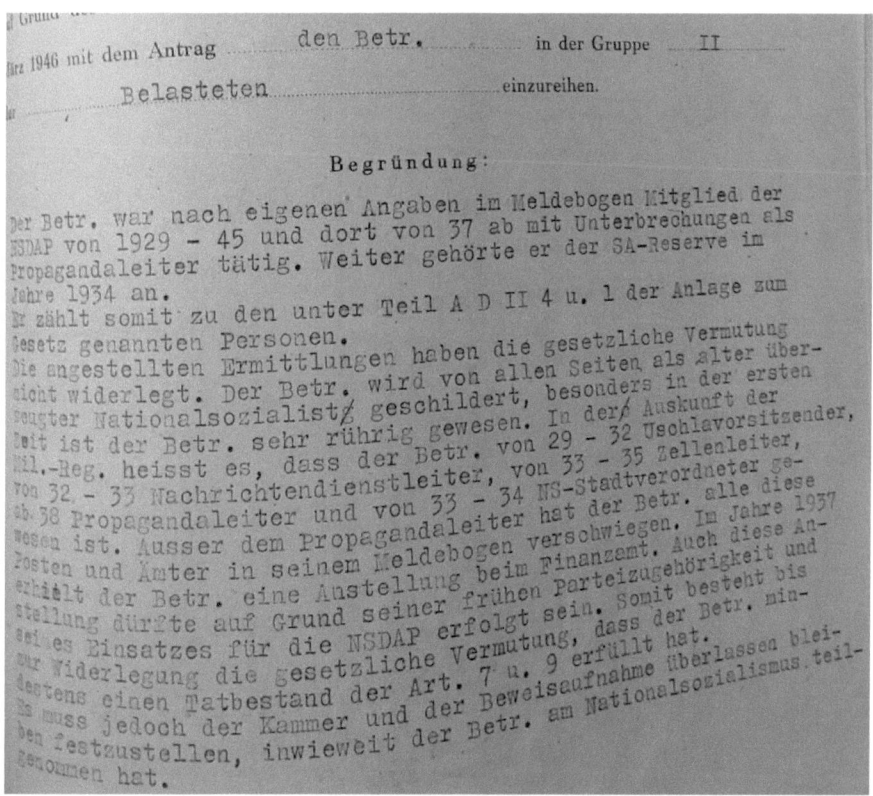

„Nichts aus der Geschichte lernen steht als traurige Erkenntnis dafür da, daß wir nicht genügend lernen, aber alles, was die Menschheit je gelernt hat, verdankt sie ausschließlich der Geschichte (...) Der Mensch ist alles in seiner Geschichte."[191]

---

[191] H. G. Adler (2005), Theresienstadt 1941-1945, Wallstein: Göttingen, S. 682

DANK

Wir haben verschiedenen Menschen zu danken, ohne deren Hilfe und Unterstützung in den letzten zweieinhalb Jahren, diese Spurensuche als Abschluss unserer Recherchen so nie entstanden wäre. Sollten wir den ein oder anderen Namen vergessen, so mögen wir diesen Personen als erstes unseren Dank aussprechen.

Wir danken namentlich:

Christabolina Arthen, geb. Gonzalez, Sophie Brinkmann, Liesel Brötz geb. Heun, Miguel Burn und Fred Wasserman (US Holocaust Memorial Museum, USA), Ph.Dr. Radoslav Daněk (Stadtarchiv Ostrava/ Mährisch-Ostrau, Tschechien), Karin Dengler (Yad Vashem, Israel), Brigitte Dethorey (Saint Cyprien, Frankreich), Josef Fachinger (+), Geschichtsausschuss unter Vorsitz von Michael Jung, M.A. Thorsten Halling (Institut für Geschichte der Medizin, Düsseldorf), Hessisches Hauptstaatsarchiv Wiesbaden - Dr. Jochen Lehnhardt und den Mitarbeitern im Lesesaal, Maria Heun, geb. Jung König (+), Margret Hilfrich, geb. Otto, Ilse Hutsch geb. Löw, Sandra Jahnke (Institut für Stadtgeschichte Frankfurt), Jubiläumsausschuss unter Vorsitz von Bianca Brahm geb. Schmitt, Josef J.G. Jung, Margareta Jung-König, geb. Fachinger (+), Erna Kneupper, geb. Stein, Diözesanarchiv Limburg, Ružena Kormošová (Spišská Nová Ves, Slowakei), Johannes Laubach, Mikulas Liptak (Kezmarok, Slowakei), Avri und Eran Mor (Israel), Walter Morgenbesser (+), Mgr. Nina Palková (Staatsarchiv Košice, Slowakei), Ellen Presser (Israelitische Kultusgemeinde München), Hildegard Preßler, geb. Roos (+), Georg Rompel („Uhrmacher"), Maria Rompel, geb. Schwarz (+), Rita Rompel, geb. Jung-König, Libuše Salomonovičová (Ostrava/ Mährisch-Ostrau, Tschechien), Silke Schmidt (Verbandsgemeindeverwaltung Nastätten), Monika Schnell (Mahn- und Gedenkstätte Ravensbrück), Maria Schuller, Dr. Markus Schulte (Landeszahnärztekammer Hessen), Dr. Enno Schwanke (Historisches Institut, Universität Köln), Josef

Sesterhenn, Fred Strauß (+), Markus Streb, Margit Töpfer, Irmgard Wagner, geb. Jung-Diefenbach, Dr. Christoph Waldecker (Stadtarchiv Limburg), Carla Weber, geb. Hilfrich, Josef Žikeš (Militärarchiv Prag, Tschechien).

Dies waren die bisherigen Ergebnisse unserer Spurensuche. Wir haben gemerkt, wie wir vieles nur andeuten konnten und wie vieles tiefergehend angeschaut werden könnte. Vielleicht kann daraus eine Anregung für andere erwachsen, weiter und umfassender über Lindenholzhausen der Jahre 1933 bis 1945 zu forschen und zu schreiben. Wir sind gerne bereit, bei Nachfragen zu antworten und Quellen, die digital vorhanden sind, zur Verfügung zu stellen.

Wie schon Seite 127 erwähnt, wird vermutlich im nächsten Jahr ein zweiter Band „Spurensuche 1933-1945" zu Zwangsarbeiter- und Soldatenschicksalen in Lindenholzhausen erscheinen.

Wir freuen uns über Rückmeldungen zu dem, was wir zusammengestellt haben. Am besten per Email an: hollese.33.45@gmail.com

Anja Siehoff, Johannes Otto, Frank Mach, Marc Fachinger

Orts-, Personen- und Stichwortverzeichnis (Auswahl)